이야기로 배우는 과학상식

3학년이 꼭 읽어야 할 25가지 과학 이야기

글 우리기획 그림 노성빈 외 7명

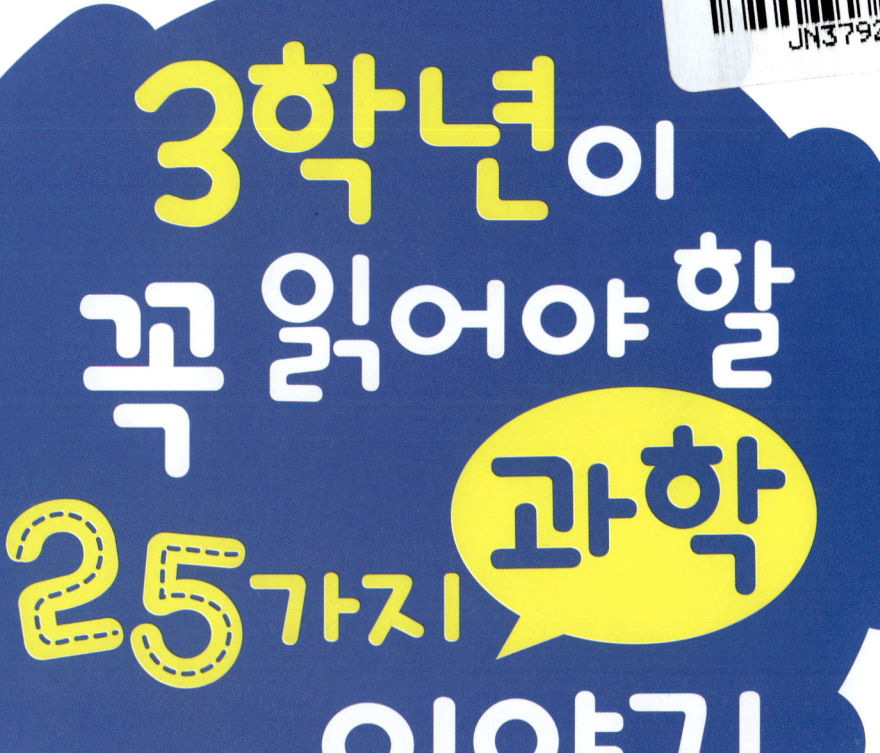

도서출판 학은미디어

과학이 재미있어지는 특별한 이야기들……

친구들 중에는 재미있는 이야기를 해 주면 꼭 이러는 아이가 있어요.
"말도 안 된다, 흥!"
그러다 정말 말 되는 이야기를 해 주면 또 이러지요.
"아유, 재미 없다, 재미 없어!"
교과서에 나오는 과학이 그래요.
분명히 신기하고 흥미로운데 왜 재미 없을까요?
꽉 막힌 교실, 좁고 딱딱한 의자에 앉아서 비슷한 설명만 듣다 보니
과학은 지루할 뿐이라고 생각해서 그런 거예요.
가만히 생각해 보세요.
만약, 탁 트인 푸른 들판에서, 폭신폭신한 풀밭에 누워,
들꽃도 되고, 나비도 되고, 구름도 되어 가며
과학을 배운다면 어떨까요?
정말 유익하고 재미있겠지요.

<교과서 과학 이야기>에서는 딱딱하다고 여기는 과학을
깜짝 놀랄 만큼 재미있는 동화로 풀어 썼어요.
물체의 무게 중심은 어디에 있는지,
건전지 속에는 어떻게 전기를 넣는지, 꼬치꼬치 따지고
설명하지 않아도 동화를 읽다 보면 저절로 알게 되지요.
또, 초등학교 각 학년에서 꼭 알아야 할 과학을 가려 뽑아
학교 공부에도 큰 도움을 주지요. 동화도 읽고,
학교 공부도 하고, 게다가 교과서에는 안 나오는 놀라운 상식에
무지무지하게 웃기는 만화까지…….
이게 바로 돌멩이 하나로 네 마리 참새를 잡는
일석사조라고요.
요정들과 개구리, 나팔꽃 등 깜찍하고 특별한
이야기 주인공들과 함께 신나는 과학 여행을 떠나 보세요.
여러분, 이 책을 재미있게 읽고 다가올 미래에 인류의 과학을
이끌어 가는 큰 사람이 되길 바랄게요.

엮은이

차 례

- 우리 주위의 물질 **짝짓기놀이** / 8
  - 채소전이 먹고 싶어요 / 16
  - 단것을 즐겨 먹던 꿀꿀이 / 24
- 자석놀이 **꼼짝 마라, 쇠붙이들아!** / 32
  - 솔숲 나라의 성 찾기 / 42
- 소중한 공기 **풍차의 초대** / 50
- 온도재기 **임금님을 살린 체온계** / 58
- 날씨와 우리 생활 **우르르 쾅쾅 내린 벌** / 68
- 물에 사는 생물 **도희의 허약한 금붕어** / 78
  - 토끼 의사가 찾아간 연못 / 86
  - 꼬마 물벼룩과 부레옥잠 아주머니 / 94
- 초파리의 한살이 **집파리의 최후** / 104
- 흙을 나르는 물 **우리 마을에 닥친 불행** / 112

- 식물의 잎과 줄기 　우리는 모두 소중해 / 122
　　　　　　　　선인장에게 혼난 나팔꽃 / 130
- 빛의 나아감 　착한 여우의 수호 천사 / 140
　　　　　　자기 일만 모르는 선글라스 아저씨 / 150
　　　　　　빛은 부자랍니다 / 158
- 지구와 달 　곰은 가짜 마술사 / 168
- 여러 가지 가루 녹이기 　누가누가 빨리 녹일까? / 176
　　　　　　　　　　연어야, 잘 가! / 184
- 여러 가지 돌과 흙 　심술꾸러기 바위 / 196
- 소리내기 　소리의 여행 / 206
　　　　　악기 나라 소리재기 / 212

- 섞여 있는 알갱이의 분리 　못 말리는 철 깡통과 알루미늄 깡통 / 224

- 짝짓기놀이
- 채소전이 먹고 싶어요
- 단것을 즐겨 먹던 꿀꿀이
- 꼼짝 마라, 쇠붙이들아!
- 솔숲 나라의 성 찾기
- 풍차의 초대
- 임금님을 살린 체온계
- 우르르 쾅쾅 내린 벌
- 도희의 허약한 금붕어
- 토끼 의사가 찾아간 연못
- 꼬마 물벼룩과 부레옥잠 아주머니
- 집파리의 최후
- 우리 마을에 닥친 불행

🍓 우리 주위의 물질

짝짓기놀이

쇠, 유리, 플라스틱, 고무, 종이, 나무가 한 자리에 모였습니다.
"얘들아, 우리 짝짓기놀이하자."
쇠가 말했습니다.
"그래, 좋아."
모두들 고개를 끄덕였습니다.
드디어 짝짓기놀이가 시작되었습니다.
쇠, 유리, 플라스틱, 고무, 종이, 나무는 서로의 손을 잡았습니다.
"빙빙빙 돌다가 둘이둘이 짝짓자!"
손에 손을 잡고 큰 원을 그리며 돌던 물질들이 둘씩

짝을 지었습니다.

쇠와 나무는 얼른 짝을 지은 뒤 튼튼한 망치를 만들었습니다.

"우리는 뚝딱뚝딱 망치가 되었어!"

그러자 플라스틱과 유리도 얼른 짝을 지었습니다.

"우리는 아주 멋진 안경이 되었어!"

하지만 종이와 고무는 아무것도 만들지 못했습니다. 왜냐 하면 서로 자신의 주장만 내세우며 고집을 피우고 있었기 때문입니다.

그러다가 고무가 소리쳤습니다.

"종이랑 나는 지우개가 되었어!"

하지만 다른 친구들이 손을 내저었습니다.

"에이, 지우개는 고무 혼자서 만드는 거야. 종이는 필요 없다고."

그러자 고무가 머리를 긁적거렸습니다. 이 때 종이가 고무를 밀치며 앞으로 나왔습니다.

"매끈매끈 흰 종이가 고무를 만나 연이 되었어!"

종이가 자신만만하게 말했습니다.

"푸하하! 연은 종이랑 고무로 만들어지는 게 아니야. 종이가 그런 것도 모르다니, 쯧쯧쯧."

나무가 혀를 차며 말했습니다.
"그럼 뭐랑 짝이 되어야 연이 될 수 있니?"
종이가 따지듯 툴툴거리며 물었습니다.
"연은 종이랑 대나무가 만나야 만들어지잖아. 너 여태 그것도 모르고 있었니?"
"……."
나무의 물음에 종이는 아무 대답도 할 수가 없었습니다. 그저 얼굴만 빨갛게 달아올랐지요.

조금 있자 쇠와 나무, 플라스틱과 유리가 다시 짝짓기 놀이를 시작했습니다.
"빙빙빙 돌다가 둘이둘이 짝짓자!"
쇠, 나무, 플라스틱, 유리는 서로 먼저 짝을 지으려고 웅성웅성 아우성이었습니다.
드디어 쇠와 플라스틱이 짝을 지어 가위를 만들었습니다. 그런데 나무와 유리는 아직 아무것도 만들지 못하고 있었습니다.
"내 말대로 책상을 만들어야 한다니까!"
나무가 유리에게 버럭 소리를 질렀습니다.
"책상은 내가 필요 없잖아. 내 말대로 꽃병을 만들어야 했다고!"

유리도 지지 않고 나무에게 대들었습니다.

"그만 그만. 짝짓기놀이는 나랑 플라스틱이 이겼어."

쇠가 자랑스럽게 말하며 플라스틱의 손을 번쩍 들었습니다.

"맞아, 우리가 이겼어. 너희도 욕심만 부리지 말고 어울리는 짝을 잘 찾아보지 그랬니?"

플라스틱의 말에 나무, 종이, 유리, 고무는 고개를 떨어뜨렸습니다.

이 때 쇠가 빙그레 웃으며 다시 말했습니다.

"너무 실망하지 마. 서로를 존중하는 마음만 있으면, 어떤 물건도 만들 수 있으니까."

"그게 정말이야?"

나무, 종이, 유리, 고무가 동시에 물었습니다.

"물론이지. 우리 모두 힘을 합쳐서 아기에게 필요한 물건을 만들어 볼까?"

"그래, 좋아!"

"자, 그럼 시작해 볼까?"

이렇게 해서 여러 물질들은 아기에게 필요한 물건들을 정성껏 만들기 시작했습니다.

유리는 나무와 짝이 되어 귀여운 아기 사진을 넣을 수 있는 사진틀이 되었습니다.

플라스틱은 고무와 짝이 되어 예쁜 아기의 젖병이 되었습니다.

종이와 쇠는 가위가 들어 있어 신나게 오리기를 할 수 있는 아기의 알록달록 오리기 그림책이 되었답니다.

궁금증 해결

물질은 무엇을 의미하나요?

세상의 모든 물건은 물질로 되어 있습니다.

어떤 물건은 단 하나의 물질만으로 만들어지기도 하고, 어떤 물건은 수십 가지의 아주 복잡한 물질들로 만들어지기도 하지요.

이렇게 세상의 물건들을 만드는 물질들은 모두 자기만의 특징을 가지고 있습니다.

쇠는 딱딱하고, 고무는 물렁물렁하며, 플라스틱은 불에 잘 녹습니다. 또한 유리는 투명하면서 잘 깨지는 성질을 가지고 있습니다.

이렇게 물체를 이루는 본바탕을 물질이라고 하지요.

하지만 물질을 좀더 정확하게 설명하면, 주로 자연계의 운동을 연구하는 물리학에서는 물질을 자연계를 이루며 일정한 공간과 질량을 가지고 있는 것이라고 말합니다.

화학에서는 혼합물과 구별하여 순수한 성질을 가진 것을 말하며, 철학에서는 인간의 정신 바깥에 있는 것을 가리키지요.

놀라운 상식 백과

수도 없이 많은 물질

유리, 플라스틱, 쇠, 종이 등 세상에는 수도 없이 많은 물질이 있지요. 하지만 이러한 물질을 쪼개고 쪼개다 보면 순수한 성질을 가진 가장 작은 알갱이가 나오는데, 이것을 분자라고 합니다.

하지만 분자 역시 특정한 성질을 가진 물질로 쪼개지는데 이것이 바로 원소입니다.

세상에는 현재 109 종류의 원소가 있는 것으로 알려져 있습니다. 그러니까 셀 수 없이 많은 물질도 따지고 보면 이 109개의 원소들이 서로 모여서 만들어진 셈이지요.

제5원소

옛날에는 세상의 모든 물질을 만드는 것이 흙·물·공기·불의 4원소라고 생각했어요. 여기에 우주를 이루고 있는 상상의 물질을 '에테르'라 부르며 제5원소로 여겼지요.

🍓 우리 주위의 물질

채소전이 먹고 싶어요

　내일은 주인집 아저씨의 생일입니다. 아주머니는 떡 하랴, 전 부치랴, 눈 코 뜰 새가 없었습니다. 그런데 부엌에서 소곤거리는 소리가 들렸습니다.
　"애들아, 우리가 아주머니를 도와 드리자."
　"그러자. 우선 내가 프라이팬에 들어가서 몸을 뜨겁게 달궈 놓을게."
　콩기름은 가스레인지 위에 있는 프라이팬 속으로 쪼르르 들어갔습니다. 그러자 프라이팬이 화를 냈습니다.
　"야! 너 때문에 내 몸이 미끈미끈해졌잖아."
　"뭐, 그런 걸 가지고 그러니? 콩기름이 아주머니를 도와 드리려고 그런 건데. 그리고 콩기름은 고소한 냄새

가 나니까 너도 좋을 거야."

채소의 말을 들은 프라이팬은 아무 말이 없었습니다.

"우리는 몸을 씻은 뒤 밀가루 옷을 입고 들어가자."

채소들은 수돗물에 몸을 씻고, 칼은 채소들을 토막토막 썰어 주었습니다. 그 때 하얀 밀가루는 물의 도움을 받아 그릇 속에서 잘 개어졌습니다. 토막난 채소들은 서로 엉겨서 열심히 밀가루 옷을 입었습니다.

"이제 밀가루 옷을 입었으니까 기름에 잘 지져지는 일만 남았어."

밀가루 옷을 다 입은 채소들은 신이 났습니다. 콩기름도 기분이 좋아서 채소들을 불렀습니다.

"얘들아, 프라이팬이 다 달궈졌으니까 어서 들어와!"

이 말을 들은 채소들은 하나씩 프라이팬 안으로 들어갔습니다.

"아이, 따끈해. 우리 노릇노릇 맛있게 익자."

제일 먼저 밀가루 옷을 입고 들어간 채소가 벌렁 드러눕자, 나머지 채소들도 뛰어들었습니다.

'지글지글.'

밀가루 옷을 입은 채소들은 기름을 흠뻑 뒤집어쓰고 열심히 몸을 익혔습니다. 시간이 지나자 밀가루 옷을 입

은 채소들은 맛있는 전이 되었습니다. 부엌 안은 온통 고소한 냄새가 진동을 했습니다. 그런데 옆에서 냄새를 맡고 있던 설탕이 말했습니다.

"콩기름이 불 위에 있는 프라이팬에 들어가니까 고소한 냄새가 나네. 나도 한번 들어가 봐야지."

설탕은 다른 프라이팬 속으로 들어갔습니다. 조금 있자 설탕이 녹기 시작하더니 끓다가 검게 탔습니다.

"아이고, 지독한 냄새! 그리고 이 연기는 또 뭐야?"

전이 얼굴을 찌푸리며 말했습니다.

"설탕아, 너는 원래 콩기름과는 쓰임새가 달라. 콩기름은 무언가를 튀기고 지지기 위해서 있는 것이고, 너는 조미료 등으로 이용되잖아. 그러니 어서 나와."

전의 말을 들은 설탕은 얼른 뛰쳐나왔습니다. 그런데 전 냄새가 얼마나 고소하던지 설탕의 탄 냄새는 금세 없어졌습니다. 그 때였습니다. 프라이팬에서 몸을 익히던 전들이 걱정스런 목소리로 말했습니다.

"이 일을 어쩌면 좋아? 기름에 오랫동안 있으니까 밀가루 옷이 타려고 해. 이러다가 우리 몸이 잿덩이로 변하겠어."

"맞아. 밀가루 옷도 어느 정도 익으면 누렇게 변하다가 검게 타고 말아."

전들은 몸이 탈까 봐 버둥거렸습니다. 그런데 마침 주인 아주머니가 부엌으로 달려왔습니다.

"아니 얘들아, 이렇게 오래 콩기름에 누워 있으면 모두 타서 못 먹게 되잖니."

아주머니는 설거지통에 담겨 있던 뒤집개를 집어 들었습니다. 그러자 수돗물이 재빠르게 뒤집개에게 달라붙었습니다. 수돗물은 그 동안 고소한 전이 먹고 싶어서

군침을 흘리다가 기회를 잡은 것이었습니다.
이 사실을 모르고 있던 아주머니는 뒤집개로 전을 뒤집었습니다. 그런데 이게 어찌 된 일이죠? 갑자기 물방울이 여기저기 사방으로 튀었습니다.
"앗, 뜨거워!"
갑자기 주인 아주머니가 얼굴을 감싸 쥔 채 소리지르며

　밖으로 뛰어나갔습니다.
　뜨거운 기름에 들어간 물방울이 주인 아주머니의 얼굴에 튄 것입니다. 이것을 본 전들은 수돗물을 한심하다는 듯이 쳐다보았습니다.
　"수돗물아, 너는 왜 그렇게 생각이 없니? 이렇게 뜨거운 기름에 네가 들어오면 너의 몸 온도가 높아지면서 순식간에 공기중으로 날아가게 되잖아."
　전의 말을 이해하지 못한 수돗물은 고개만 갸우뚱거릴 뿐이었습니다. 전은 다시 말했습니다.
　"아이고, 답답해. 그러니까 섭씨 200도쯤 되는 기름에 섭씨 100도에서 끓는 물이 들어오면 어떻게 되겠냐는 거지."
　그제서야 수돗물은 끔찍하다며 눈을 꼭 감았습니다. 수돗물을 나무라던 전들은 뒤집개의 도움을 받아 프라이팬 속에서 나왔습니다. 그리고 다음 날 아침 전들은 주인 아저씨의 생일상에 나란히 올려졌습니다.

여러 가지 물질을 구분하는 방법

물체를 이루고 있는 기본적인 요소인 재료들을 우리는 물질이라고 불러요. 예를 들어 지우개가 달린 연필은 나무와 연필심, 고무라는 물질로 만들어진 거죠.

물질의 종류는 셀 수 없이 많은데 콩기름, 밀가루, 설탕, 물 등이 그것이에요. 물질들을 구분하는 방법에는 여러 가지가 있어요.

첫째, 색깔을 보는 거예요. 눈으로 자세히 관찰하되 알갱이가 너무 작아서 잘 보이지 않을 때에는 돋보기나 현미경으로 관찰하면 돼요. 둘째, 냄새를 맡아 보는 거예요. 독성이 있는 물질이 있을 수 있으므로 직접 코를 대고 냄새를 맡는 일은 위험해요. 그러니 손으로 주위의 바람을 일으켜 냄새를 맡는 게 좋아요. 셋째, 맛을 보는 거예요. 이 방법 역시 독성이 있는 물질인지 아닌지를 알아보고 맛을 봐야 해요. 넷째, 소리를 들어 보는 거예요. 다섯째, 손으로 만져 보는 방법이 있어요.

물론 이런 것 외에도 물질을 구분하는 방법은 여러 가지가 있어요. 그런데 물질을 구분할 때 특히 주의해야 할 것은 잘 알지 못하는 물질을 함부로 맛을 보거나 냄새를 맡아서는 안 된다는 거예요.

놀라운 상식 백과

물과 기름은 원수 사이일까요?

우리는 물과 기름은 사이가 나쁘다고 알고 있습니다. 그런데 물과 기름을 서로 친하게 만들 수 있는 방법이 있습니다. '유화제'라는 것을 사용하면 됩니다. 유화제는 물과 사이좋은 부분과 기름과 사이좋은 부분 양쪽을 갖고 있습니다. 그 예로 우리가 자주 먹는 마요네즈를 들 수 있습니다. 마요네즈에는 드레싱과 달걀이 들어 있는데 달걀 노른자의 성분에는 물의 입자와 기름의 입자를 서로 친해지게 하는 힘이 있습니다. 그러니까 마요네즈의 유화제는 달걀 노른자가 되는 것입니다.

기름은 어떻게 만들어질까요?

콩에는 약 20퍼센트의 기름이 들어 있습니다. 식물 종자치고는 기름이 적게 들어 있는 편입니다. 그래서 다른 기름 재료를 써서 열을 세게 한 다음 생긴 증기를 다시 액체로 만들어 콩기름을 만들곤 한답니다. 이것을 깨끗하게 거르면 우리가 먹을 수 있는 기름이 만들어지는 것입니다. 깨끗이 걸러 낸 기름은 엷은 노란색이며 냄새가 없고, 맛도 좋아 식용유로 많이 씁니다. 공업용으로는 비누, 잉크, 합성 수지 등에 쓰입니다.

🍓 우리 주위의 물질

단것을 즐겨 먹던 꿀꿀이

"엄마! 맛있는 거 없어요?"
"너는 매일 먹는 타령이니? 내일 이 자랑 대회에 나가려면 양치질하고 일찍 자거라."

엄마가 꿀꿀이를 야단쳤어요. 하지만 꿀꿀이는 엄마의 말을 한 귀로 듣고 한 귀로 흘렸어요. 그리고 부엌을 뒤지더니 짜증스럽게 말했어요.

"엄마! 배고파 못 참겠어요."
"아이고, 너는 누굴 닮아서 그렇게 먹는 걸 좋아하는 거니?"
"누굴 닮긴요. 다 엄마 아빠를 닮아서 그런 거죠."

이 말을 들은 엄마는 어이가 없어서 꿀꿀이의 머리를

콕 쥐어박았어요.
 그리고 밥통에 남아 있던 밥을 주었어요.
 "밥은 싫어요. 맛있는 과자 주세요."
 꿀꿀이는 떼를 썼어요. 사실 꿀꿀이는 다른 건 다 참아도 배고픈 건 못 참거든요.
 엄마가 안 된다면서 방으로 들어가 버리자 꿀꿀이는 부엌을 뒤지기 시작했어요.
 '달그락~ 삐걱!'
 꿀꿀이가 드디어 뭔가 찾았나 봐요. 어떤 통을 들고 배시시 웃는 걸 보니 말이에요.

'과자가 없으니 설탕이라도 먹어야지. 그런데 이게 설탕인지 어떻게 알지? 먹어 봐? 아니야. 먹었다가 설탕이 아니면…… 아유, 생각만 해도 끔찍해.'

꿀꿀이는 이리저리 궁리하기 시작했어요. 그리고 조금 있다가 무릎을 '탁!' 쳤지요.

'맞아, 학교에서 자연 시간에 여러 가지 가루를 구별해 내는 방법을 배웠지.'

꿀꿀이는 먼저 냄새를 맡아 보았어요. 그러나 이 가루에서는 아무런 냄새도 나지 않았어요.

"아참, 설탕이나 소금, 녹말 등은 냄새가 없다고 선생님이 그러셨지. 내가 깜빡했네."

이렇게 말하고 이번에 꿀꿀이는 가루를 손으로 만져 보았어요.

'거칠고 까슬까슬한 걸 보니 설탕이나 소금인 게 분명해. 녹말은 부드럽다고 했거든.'

하지만 손으로 만져 봐서는 정확하게 알 수가 없었어요. 하는 수 없이 꿀꿀이는 가루의 맛을 보기로 했어요. 떨리는 마음으로 가루를 조금 집어서 맛을 보니 달고 맛있었어요.

"이야, 설탕이다!"

　꿀꿀이는 소리를 질렀어요. 그리고 앉은 자리에서 설탕을 다 퍼먹었어요.
　"아~함. 내일 이 자랑 대회에 나가려면 자야겠네."
　꿀꿀이는 양치질도 안 하고 그냥 잤어요.
　드디어 아침이 밝았어요. 오늘은 동물원 광장에서 이 자랑 대회가 열리는 날이에요.
　"치카치카."
　깡충이 토끼가 열심히 이를 닦고 있네요.
　"포카포카."
　뚜벅이 당나귀도 튼튼한 이를 반짝반짝하게 닦고 있었어요.
　"치카치카, 포카포카."
　큰입이 하마는 위아래로 구석구석 닦았어요.
　모두들 이렇게 열심히 이를 닦고 있는데 우리의 꿀꿀이는 뭘 하고 있는지 어디 한번 볼까요?
　'냠냠, 쩝쩝. 착한 어린이는 이도 잘 닦지!'
　꿀꿀이는 양치질은커녕 케이크랑 초콜릿을 계속 먹고 있어요. 이 자랑 대회에 가서 점심 시간에 먹으라고 엄마가 싸 준 도시락인데 말이에요.
　이는 안 닦고 이 닦는 노래만 하고 있다니! 정말이지

꿀꿀이는 못 말린다니까요.
 드디어 피리새의 휘파람에 맞춰 이 자랑 대회가 시작되었어요. 딱따구리 심사 위원이 돋보기를 들고 동물들의 이를 들여다보았어요.
 깡충이 통과, 뚜벅이도 통과, 큰입이도 통과, 그런데 꿀꿀이를 검사하던 딱따구리는 눈이 갑자기 휘둥그레졌어요.
 "단것을 많이 먹고 양치질 한 번 안 했군!"
 꿀꿀이는 좀 창피해서 입을 오므렸어요.
 "입을 벌려야 심사를 하지! 아~ 해 봐."
 결국 꿀꿀이는 충치가 많아서 탈락하고 말았어요. 이번 대회에서는 큰입이 하마가 일등을 했어요. 그러나 꿀꿀이는 그 날 집에 와서도 탈락한 일은 아랑곳하지 않고 단것을 계속 먹어 댔어요.
 그런데 꿀꿀이가 갑자기 데

굴데굴 굴렀어요.
"아이고, 이야! 내 이."
"그럴 줄 알았다니까!"
엄마는 꿀꿀이를 데리고 얼른 치과에 갔어요.
"쯧쯧쯧. 썩은 이가 다섯 개나 되네. 모두 빼야겠다."
"싫어요. 아픈 건 딱 질색이에요."
"꿀꿀아, 지금 이를 빼지 않으면, 나중에는 잇몸에서 고름까지 나와 더 아플 거야!"
악어 의사가 꿀꿀이를 달래 보았지만 소용 없었어요. 하는 수 없이 간호사와 엄마가 꿀꿀이의 팔 다리를 잡고 치료를 하기 시작했어요. 그 후 몇 달 동안 꿀꿀이는 치과에 다니는 신세가 되었어요. 결국 이를 다 뺀 꿀꿀이는 아픈 턱에 붕대를 감고 다녔어요.
  그렇게 좋아하던 과자도 못 먹고 말이에요.

설탕은 어디서 나오는 걸까요?

맛이 달고 물에 잘 녹는 흰 물질을 우리는 설탕이라고 합니다. 설탕처럼 단맛이 나는 식물은 여러 가지가 있어요. 배, 포도, 감, 수박, 밤, 고구마 등이 그러한 식물들이에요.

이러한 식물들 말고 유별나게 단것은 사탕수수와 사탕무예요. 사탕수수는 대나무처럼 굵고 기다란 줄기가 있는 식물입니다. 사탕수수 줄기를 짠 다음 나오는 당즙을 설탕의 원료로 삼고 있어요.

사탕무는 보통 무처럼 굵은 뿌리를 갖고 있어요. 사탕무를 조각으로 갈라서 안에 있는 액체를 밖으로 나오게 한 다음 당즙을 원료로 하여 각각 여러 가지 종류의 설탕을 만든답니다.

이렇듯 줄기나 뿌리에 있는 달콤한 즙을 짜서 끓이면 설탕이 되는 거예요.

그런데 사탕수수는 더운 나라가 아니면 잘 자라지 못해요. 반대로 사탕무는 추운 나라에서만 자라지요. 그러다 보니 우리 나라는 기후 조건이 잘 맞지 않습니다. 우리 나라에 사탕수수와 사탕무가 없는 이유는 바로 그 때문이에요. 그래서 우리 나라는 매년 외국에서 많은 설탕을 수입하고 있답니다.

놀라운 상식 백과

단것을 많이 먹으면 정말로 시력이 떨어지나요?

설탕, 즉 단것을 많이 먹으면 이가 나빠진다는 사실은 누구나 다 알고 있을 겁니다.

그런데 단것을 많이 먹으면 눈도 나빠진다는 것을 아는 어린이는 드뭅니다. 흔히 우리는 눈이 나쁘면 유전에 의한 것이거나 텔레비전을 너무 가까이에서 많이 보기 때문이라고 생각하죠?

그러나 이것 말고도 눈이 나빠지는 이유가 더 있습니다. 그것은 바로 단것을 많이 먹는 것이지요. 설탕을 많이 먹으면 우리 몸 안에 있는 비타민 B가 많이 소비되어 눈의 기능을 떨어뜨리거든요.

껌을 씹으면 이가 깨끗해질까요?

껌은 합성 수지에 설탕과 향료 등을 섞어서 만드는 것입니다.

그런데 껌을 씹으면 정말로 이가 깨끗해질까요? 그렇지 않습니다. 단지 이에 묻어 있는 음식 찌꺼기와 입 냄새를 없애는 것뿐입니다. 그리고 껌을 너무 많이 씹으면, 껌 속에 들어 있는 설탕 등이 오히려 이에 해가 되기도 합니다.

그러니 너무 껌 씹는 것을 좋아하지 마세요.

🍓 자석놀이

꼼짝 마라, 쇠붙이들아!

여러 가지 물건들이 사는 마을이 있었어요.

바늘, 압정, 클립, 못, 칼, 풍선, 지우개, 고무줄, 연필, 책상, 플라스틱 자, 그리고 종이도 살고 있었지요. 하지만 이 마을에 사는 물건들은 하루도 마음 편할 날이 없었어요. 험상궂은 쇠붙이들이 날마다 다른 물건들을 괴롭혔기 때문이에요.

쇠붙이들은 우르르 몰려다니며 말썽을 피웠어요.

다른 물건들은 날마다 벌벌 떨었답니다.

그러던 어느 날, 갑자기 온 마을이 잠잠해졌어요. 무슨 일인지 쇠붙이들이 집 밖으로 나오지 않는 거예요. 물건들은 겨우겨우 안심을 했어요.

"오늘은 나가 놀아도 되겠는걸."

어린 풍선과 지우개, 연필, 고무줄은 놀이터로 가서 놀았어요. 그리고 모처럼 큰 소리로 노래도 불렀어요.

그런데 이를 어쩌면 좋아요? 그 동안 잠잠하던 쇠붙이들이 노랫소리를 듣고 총출동한 거예요.

"오랜만에 낮잠 좀 자려고 했더니 시끄럽게 떠들어?"

　칼이 소리치며 고무줄을 뚝 끊었어요. 바늘은 풍선을 터뜨리고, 압정이랑 못은 지우개에게 달려들었어요.
　한바탕 혼이 난 물건들은 집으로 돌아가 다시는 집 밖으로 나오지 않았어요.
　마을은 점점 못된 쇠붙이들의 세상이 되어 갔어요.
　그러던 어느 날, 물건 마을에 막대자석이 이사를 왔어요. 막대자석은 열심히 집 단장을 하고, 주위를 깨끗하게 정리했어요.
　클립은 몰래 숨어서 막대자석의 행동을 지켜 보았어요. 그리곤 쏜살같이 달려가 쇠붙이들에게 막대자석에 대해 이러쿵저러쿵 말했어요.
　"오늘 이사 온 녀석은 몸집이 아주 커. 힘도 아주 센 것 같아. 무거운 짐을 거뜬히 옮기던걸."
　"신경쓸 것 없어. 그깟 녀석 혼내 주는 것쯤은 식은 죽 먹기야."
　칼이 날을 번뜩이며 말했어요.
　한편, 집 단장을 끝낸 막대자석은 집집마다 찾아다니며 인사를 했어요. 막대자석이 제일 먼저 찾아간 곳은 옆집에 사는 종이의 집이었어요.
　"저는 오늘 이사 온 막대자석이라고 합니다."

"우리 집엔 무슨 일이죠?"
"이사를 해서 인사를 드리러 왔습니다."
막대자석은 종이를 찬찬히 살폈어요.
"얼굴색이 안 좋아 보이는데,
무슨 걱정이라도……?"
"아, 아니오. 이만 돌아가세요."
종이는 얼른 문을 닫아
버렸어요. 막대자석은
고개를 갸웃거리며
앞집으로 갔어요.

앞집에는 플라스틱 자가 살고 있었어요.

그런데 참 이상하지요?

플라스틱 자 역시 무언가에 잔뜩 겁을 먹은 표정으로 막대자석을 맞았어요. 그리고 종이와 마찬가지로 인사를 하는 둥 마는 둥 하고 허겁지겁 집 안으로 들어가 버렸어요.

막대자석은 이번엔 바늘의 집으로 향했어요.

"계십니까? 인사를 드리려고 왔습니다."

그런데 바늘은 집 안에 있으면서 아무런 대꾸도 하지 않았어요. 막대자석은 클립네 집에 가서는 이유 없이 욕을 먹고, 칼한테 가서는 몰매를 맞고, 압정한테 가서는 구정물까지 뒤집어썼어요.

"다들 내게 왜 이러는 거지?"

막대자석이 맨 마지막으로 들른 집은 풍선의 집이었어요. 풍선 역시 왠지 불안해 보였어요.

"도대체 무슨 일입니까? 이 마을에 무슨 일이 있는 게 틀림없어요. 제가 도울 수 있는 일이라면 도울 테니 속시원하게 말씀 좀 해 보세요."

막대자석이 답답해하자 풍선 가족은 바깥을 살피며 조심스럽게 입을 열었어요. 그 동안 쇠붙이들이 물건들

을 몹시 괴롭히고, 심술을 내고, 횡포를 부렸던 일에 대해 자세히 말했지요.

그러자 막대자석이 말했어요.

"아, 그랬었군요. 며칠만 기다리세요. 제가 이 마을의 골칫덩이를 꼭 해결해 드리겠습니다."

막대자석은 굳게 약속을 하고 집으로 돌아갔어요. 그리고 날마다 바깥을 내다보며 기회를 엿보았어요.

쇠붙이들이 한자리에 모여 있을 때를 노린 거예요. 그래야 쇠붙이들을 한꺼번에 혼내 줄 수 있거든요.

막대자석이 이사 온 지 일 주일째 되던 날이었어요.

마침내 쇠붙이들이 한자리에 모이게 되었어요. 이 날도 쇠붙이들은 마을 공터에 모여 다른 물건들을 괴롭힐 궁리를 하고 있었어요.

'바로 이 때야!'

막대자석은 재빨리 달려가 쇠붙이들을 붙잡았어요.

"어쭈! 이 녀석이 감히 우리한테 대들어?"

칼이 막대자석의 몸을 긁으려고 했어요.

그런데 이게 어찌 된 일이죠?

그 무시무시한 칼이 막대자석 앞에서 힘을 못 쓰는 거예요. 칼날이 막대자석의 몸에 찰싹 달라붙어 꼼짝도 못

하는 형편이었지요.

막대자석은 차례로 압정, 바늘, 클립까지 자신의 몸에 붙였어요. 쇠붙이들은 자석에 찰싹 달라붙는 성질을 가지고 있었거든요.

"하하하! 이 기회에 버릇을 단단히 고쳐 주마."

막대자석은 쇠붙이들을 몸에 매단 채 강으로 향했어요. 그리고는 출렁이는 강물 속에 쇠붙이들을 하나하나 던져 버렸어요.

"살려 줘!"

"너희 힘만 믿고 약한 것들을 괴롭혔으니 혼나야 돼."

"잘못했어. 이젠 안 그럴게."

"정말 이제부터 물건들을 괴롭히지 않을 거냐?"

막대자석이 큰소리를 쳤어요. 그러자 쇠붙이들이 약속을 했어요. 그제야 막대자석은 쇠붙이들을 구해 주었어요. 막대자석이 쇠붙이들의 횡포를 잠재운 거예요.

"만세! 막대자석 만세!"

이제껏 마음을 졸이며 지켜 보던 물건들이 손뼉을 치며 기뻐했어요.

그 후 쇠붙이들은 절대로 다른 물건들을 괴롭히지 않았답니다.

꼼짝 마라, 쇠붙이들아!

자석에 대하여

옛날 그리스 시대에 지중해를 왕복하던 배들이 쇠붙이를 싣고 터키 서부의 마그네시아라는 섬 근처에 가기만 하면 배가 섬 쪽으로 끌려갔다고 해요. 이상해서 조사를 해 보니 그 섬 자체가 쇠붙이를 끌어당기는 이상한 돌로 되어 있었다지 뭐예요. 그래서 마그네시아 섬에서 나오는 돌, 즉 자철석을 자석이라 부르게 되었다고 해요.

자석은 양쪽 끝이 N극과 S극이라는 두 개의 극으로 되어 있어요. 같은 극끼리는 서로 밀어 내고 다른 극끼리는 서로 잡아당기는데, 이러한 힘을 자기력이라고 하지요. 자석의 두 극은 절대로 홀로 있을 수 없어요. 자석 한 개를 쪼개면 양 끝은 여전히 N극과 S극으로 나뉘어요. 결국 두 개의 자석이 생기는 셈이지요.

그렇다면 쇠붙이는 왜 자석에 끌려갈까요?

쇠붙이를 이루는 무수히 많은 분자가 모두 천연의 자석이기 때문이에요. 보통의 쇠붙이에는 분자들이 엉망으로 뒤섞여 있어서 자석의 효과가 나타나지 않아요. 그러나 자석을 갖다대면 엉망으로 뒤섞여 있던 분자들이 일제히 같은 방향을 향하게 돼요. 쇠붙이에 자석의 N극을 갖다대면 쇠붙이의 분자들은 SN-SN-SN…으로 배열되어 자석에 달라붙게 되는 거예요.

놀라운 상식 백과

지구가 자석이라고요?

나침반의 바늘은 자석으로 되어 있는데, N극은 북쪽, S극은 남쪽을 가리켜요. 지구의 북극에는 S극이, 남극에는 N극이 있기 때문이에요. 이쯤 되면 지구도 하나의 거대한 자석이 틀림없죠?

자석을 가지고 직접 만들어 보는 나침반

* 세숫대야에 물을 준비하세요. 그리고 일회용 접시나 바르게 편 우유팩을 세숫대야 물에 띄우세요. 그런 다음 자석을 일회용 접시나 바르게 편 우유팩에 올려놓으세요.

드디어 나침반 완성! 자석의 N극이 가리키는 쪽이 북쪽이고, S극이 가리키는 쪽이 남쪽이랍니다.

* 나뭇가지 3개 또는 나무 젓가락 3개를 준비하세요. 이것을 실로 묶어 땅바닥에 세우세요. 그런 다음 막대자석 한가운데를 실로 묶어서 나뭇가지나 젓가락에 시계 추처럼 매달도록 하세요. 이 때 막대가 바닥과 나란하게 떠올려져 있어야 해요.

드디어 나침반 완성! 자석의 N극이 가리키는 쪽이 북쪽이고, S극이 가리키는 쪽이 남쪽이랍니다.

🍓 자석놀이

솔숲 나라의 성 찾기

　오늘은 솔숲 나라에서 성 찾기 대회가 열리는 날이에요. 매년 열리는 이 대회는 솔숲 나라에서는 최고로 큰 행사랍니다.

　솔숲 나라 곳곳에는 만국기가 걸렸고, 동물들은 모두 들뜬 마음으로 준비를 하고 있었어요.

　"이번 대회에는 꼭 내가 일등을 할 거야."

　"무슨 소리야? 이번엔 분명히 내가 일등이야."

　비버와 쥐, 강아지는 서로 자기가 일등을 할 거라고 큰소리쳤어요.

　이번 대회의 일등 동물은 공주님과 결혼을 할 수 있는 자격이 주어지기 때문이랍니다.

　호랑이 대왕의 딸인 호순 공주가 시집 갈 나이가 되었거든요.

　그래서 올해 대회는 더욱 어려울 거라는 소문이 떠돌고 있었어요.
　드디어 대회날 아침이 되었어요.
　둥근 해가 하늘 높이 떠올랐어요.
　동물들은 저마다 꼼꼼히 준비를 하고 대회장으로 달려갔어요.
　먼저 솔숲 나라의 체육 대장인 사슴이 나와서 인사말을 하고 동물들에게 쪽지 한 장씩을 나눠 줬어요.
　동물들은 복잡한 글이 잔뜩 적힌 쪽지를 들고 성을 찾아 떠났답니다.
　"오른쪽 숲으로 들어가서 왼쪽 오솔길로 가서 남쪽에 있는 나무를 찾으라고? 거 참 복잡하네."
　비버는 쪽지를 보면서 계속 고개만 갸웃거렸어요.
　그러다가 곧 길을 찾아 나섰지요. 하지만 남쪽이 어느 쪽인지 도무지 알 수가 없었어요.
　"아이, 참! 도대체 어디가 어딘지 알 수가 없네."
　비버는 잠시 걸음을 멈추고 주위를 두리번거렸어요. 그 때 비버의 머리에 좋은 생각이 떠올랐어요.
　"맞아! 그 방법을 써 봐야지."
　비버는 손바닥에 침을 퉤 뱉고는 다른 손으로 침이 있

는 손바닥을 탁 쳤어요. 그러자 침이 오른쪽으로 튀었어요.

"옳아! 이 쪽이군."

비버는 마음 내키는 대로 성을 찾아갔답니다.

한편 길을 못 찾아 헤매고 있던 쥐도 사정은 마찬가지였어요.

"도대체 성이 어디 있는 거야? 오른쪽, 왼쪽, 앞, 뒤……. 아유, 머리 아파. 대왕님 사위 되기 전에 숲에서 굶어 죽겠다."

한참 동안 고민하던 쥐가 무릎을 탁 치며 좋아했어요.

"맞아, 그 방법이 있었지!"

쥐는 나뭇가지 하나를 꺾어 들었어요. 그리고는 나뭇가지를 땅에 꽂았어요.

"음, 나뭇가지 그림자가 이 쪽에 생겼군."

쥐는 그림자가 지는 쪽으로 발길을 옮겼어요.

한편, 강아지도 길을 잃고 헤매고 있었어요.

"엄마야, 나 어떡해. 길을 잃어버린 것 같아."

강아지는 아예 풀숲에 주저앉아 울기만 했어요.

그러다가 정신을 차리고 다시 성을 찾아 떠났어요.

함께 출발한 원숭이는 어떻게 되었냐고요?

평소에 숲을 돌아다니면서 길을 익혀 두었던 원숭이는 쉽게 길을 찾았어요.

그리고 미리 준비한 나침반을 꺼내서 방향도 아주 잘 찾았죠.

'응, N극이 가리키는 쪽이 북쪽이라고 했지! 그렇다면 이 쪽으로 가서 뒤로 스무 걸음만 가면 손수건이 걸려 있는 참나무가 있겠군.'

준비를 잘 한 원숭이는 쪽지에서 찾으라는 성을 쉽게 찾아 냈어요.

날은 점점 어둑어둑해지고 있었어요. 이제 날이 지면 대회는 끝나는 거예요.

　대회장의 호랑이 대왕은 초조한 마음으로 성을 찾아 떠난 동물들을 기다렸지요.
　"저기, 저기 좀 봐요! 원숭이가 연두색 깃발을 들고 달려오고 있어요!"
　"비버는 빨간색을 들고 오는데요."
　"어? 쥐도 와요."
　"강아지도요!"
　저 쪽에서 원숭이와 비버와 쥐가 저마다 손에 깃발을 든 채 서로 먼저 오겠다고 뛰어오고 있었어요.
　하지만 대왕님은 알고 있었어요.
　누가 진짜로 올해의 성을 찾았는지 말예요.
　드디어 원숭이, 비버, 쥐, 강아지가 헐떡거리며 대왕님 앞에 섰어요.
　"올해의 우승자는 원숭이다!"
　대왕님은 원숭이의 손을 번쩍 들고 말했어요.
　"무슨 말씀이세요? 우리도 성을 찾았는걸요."
　"맞아요, 얼마나 열심히 찾았는데."
　비버랑 쥐는 입이 주먹만큼이나 나왔답니다.
　"이런 꾀쟁이들아, 올해의 성의 깃발은 바로 연두색이었어. 제대로 찾아가지도 않고 일등하길 바라다니."

비버와 쥐는 할 말이 없었어요.

다음 날, 솔숲 나라에는 성대한 결혼식이 열렸어요. 원숭이와 호순 공주의 결혼식이었죠.

"허허허, 허허허허. 이렇게 현명하고 듬직한 사위를 얻게 되다니."

호랑이 대왕님은 벌어진 입을 다물지 못했답니다.

숲 속에서 길 찾기

온통 커다란 나무들로 둘러싸인 숲 속에서 길을 찾기란 쉽지 않습니다.

하지만 길을 찾는 방법이 한 가지 있습니다. 바로 나무의 나이테를 보고 찾는 방법이지요.

산에서 길을 잃으면 밑동이 잘린 나무를 찾아보세요.

나이테의 간격이 좁은 쪽도 있고, 넓은 쪽도 있을 거예요. 나이테의 간격이 넓은 쪽이 남쪽이랍니다.

나무들은 햇빛을 받는 쪽으로 더 많이 자라거든요.

또 하나의 방법은 나침반을 이용하는 것이지요. 나침반의 N극과 S극은 항상 북쪽과 남쪽을 가리키거든요.

빨간색이 칠해져 있는 N극은 북쪽을, 파란색이 칠해져 있는 S극은 남쪽을 가리킨답니다.

하지만 무엇보다 중요한 건 산에 올라가기 전에 산의 모양과 산길을 자세히 알아 두는 것입니다.

놀라운 상식 백과

나침반의 발명

나침반의 바늘은 자석으로 되어 있어요. 자석을 처음 발견한 사람이 누구인지는 모르지만 중국 사람에 의해 발견되었다는 것만은 분명해요. 처음 자석을 발견했을 땐 돌에 귀신이 들어 있는 줄 알고 모두들 두려움에 떨었다고 해요. 그러다가 곧 자석이 두려운 게 아니라는 걸 알게 되었고, 더 나아가 자석은 언제나 남북을 가리키고 있다는 것도 알게 되었어요. 그 후 자석은 생활 속에서 유용하게 쓰이기 시작했어요. 그리고 방향과 위치를 알려 주는 자석의 역할은 갈수록 커졌어요.

4세기경 중국의 뱃사람들은 바다에 나갈 때마다 반드시 자석을 가지고 나갔어요. 얇은 나무 판자를 물에 띄우고 그 위에 자석을 올려놓으면 남북 방향을 알 수 있기 때문에 멀리 나가도 길을 잃지 않았거든요. 이것을 '지남어'라고 불렀는데, 이 지남어가 바로 나침반의 원조인 거예요. 나침반은 11세기부터 본격적으로 항해에 이용되었어요. 당시 중국은 아라비아 사람들과 활발하게 무역을 했는데, 그 때 나침반이 아라비아 사람들에게 전해진 거예요. 아라비아 상인들은 나침반을 서양에 전해 주었어요.

마침내 서양에서도 13세기부터 나침반을 가지고 항해를 하게 되었지요.

● 소중한 공기

풍차의 초대

자전거에게

자전거야, 그 동안 잘 지냈니?

다름이 아니라 올 여름에도 어김없이 우리 마을에서 축제가 열린단다. 그래서 너에게 이렇게 초대의 글을 띄우는 거야. 작년 축제 때는 네 모습을 볼 수 없어서 많이 섭섭했어. 물론 바빠서 오지 못했다는 거 잘 알아.

그런데 올해는 와 줄 수 있겠니?

꼭 왔으면 좋겠다. 그럼, 빨리 연락 주렴.

　　　　　　　　　네가 보고 싶은 풍차가

풍차의 초대장을 받아 든 자전거는 신이 났어요. 자전

거와 풍차는 사이 좋은 친구였거든요.

자전거는 즉시 답장을 썼어요. 이번엔 무슨 일이 있어도 축제에 꼭 참석하겠다고요.

자전거는 서둘러 떠날 채비를 했어요. 자전거가 제일 먼저 한 것은 바퀴 점검이었어요. 자전거는 바퀴에 문제가 생기면 꼼짝달싹 못 하거든요.

"어? 앞바퀴에 바람이 빠졌네."

자전거는 자전거 수리점으로 갔어요. 수리점 아저씨는 공기 펌프로 바퀴에 바람을 넉넉히 넣어 주었어요.

"고맙습니다, 아저씨."

자전거는 인사를 하고 집으로 돌아와 짐을 꾸렸어요. 그리고 풍차 마을로 향했답니다.

"오늘 출발하면 축젯날 도착할 수 있을 거야."

자전거는 부지런히 바퀴를 굴렸어요. 쉬지 않고 달리고 또 달렸어요. 그렇게 꼬박 3일이 걸렸지요.

"이야, 다 왔다!"

자전거는 풍차 마을 입구에서 소리쳤어요.

그런데 이게 어찌 된 일이죠?

풍차 마을은 예전과 너무 달랐어요. 새로 짓는 건물도 많았고, 도로 공사도 한창이었어요. 그러다 보니 마을 입구는 뽀얀 먼지로 가득했어요.

"에취! 에취!"

자전거는 연거푸 재채기를 해댔어요. 그런데 마을로 들어서서 보니 문제는 더욱 심각했어요. 길에 늘어선 자동차와 멀리 보이는 공장 단지의 굴뚝에서 검은 연기가 쉴새없이 뿜어져 나왔거든요.

2년 전만 해도 깨끗하던 공기가 더러운 공기로 바뀌어 있었던 거예요.

자전거는 목도 아프고 눈도 따끔따끔했어요.

"이럴 줄 알았으면 오지 않는 건데……."
순간, 자전거는 풍차 마을에 온 것을 후회했어요.
"그래도 풍차는 보고 가야지."
자전거는 풍차가 있는 곳으로 향했어요.
"어머나, 너 왔구나! 어서 와, 정말 반가워."
풍차가 기쁘게 맞아 주니 자전거도 기분이 좀 풀리는 듯했어요.
"너 무슨 걱정 있니? 얼굴색이 안 좋은걸."
풍차가 묻자 자전거는 속마음을 털어놓았어요.
"풍차야, 너희 마을이 왜 이렇게 변한 거니? 예전엔 공기가 맑아서 마음껏 뛰어놀 수 있었는데, 지금은 숨쉬기조차 힘드니 말이야."
자전거의 걱정 섞인 말에 풍차는 아무런 대답도 하지 못했어요. 자전거가 틀린 말을 한 건 아니었거든요.
"그러잖아도 걱정이야. 며칠 전부터 공기 오염이 더 심각해졌거든. 이렇게 되고 나서야 공기의 소중함을 새삼 깨달았다니까."
풍차는 계속 말을 이었어요.
"우리가 이렇게 아무 걱정 없이 숨쉬며 살아갈 수 있는 것도 모두 공기 덕분이잖아. 아무래도 내일 축제

때 '맑은 공기 지키기' 홍보를 좀 해야겠는걸."
풍차의 말에 자전거도 힘을 얻었어요.
드디어 축젯날이 되었어요.
예전 같으면 자전거와 풍차는 천방지축 놀기 바빴을 거예요. 그러나 이번에는 달랐어요.
축제를 보러 온 이들에게 '맑은 공기 지키기' 홍보를 하느라 정신이 없었거든요.
자전거는 데굴데굴 바퀴를 굴리며 열심이었고, 풍차는 휘릭휘릭 날개를 돌리며 열심이었죠.
덕분에 풍차 마을은 날이 갈수록 점점 맑은 공기를 되찾을 수 있었답니다.

공기가 없다면 어떻게 될까요?

지구에 공기가 없으면 지구의 표면은 강한 태양 광선이나 태양열·우주진 등을 직접 쬐어 생물이 살아갈 수 없게 돼요.

즉, 공기가 없으면 풀, 나무, 동물 등이 숨을 쉴 수 없어 죽게 되는 거예요. 그리고 공기가 없으면 비행기도 뜰 수 없고, 소리도 전달되지 않아요. 비나 눈도 내리지 않을뿐더러 바람도 불지 않지요. 이처럼 지구를 감싸는 보호막과 같은 역할을 하는 공기는 우리 생활과 떼려야 뗄 수 없는 소중한 것이랍니다.

그럼, 공기가 우리 생활에 어떻게 이용되는지 알아볼까요?

우리가 주변에서 흔히 볼 수 있는 자전거 바퀴나 자동차 바퀴, 공, 튜브, 풍선, 산소 통, 애드벌룬 등은 공기를 넣어서 쓰는 물건들이에요. 그리고 공기의 이동으로 인해 생기는 바람을 이용한 것으로는 연날리기, 행글라이더, 비행선, 돛단배, 풍차 등이 있어요. 또한 바람을 이용한 장난감으로는 나팔, 호루라기, 바람개비 등을 들 수 있어요.

그런데 이렇게 소중한 공기가 공장 굴뚝의 매연, 자동차의 배기 가스, 공사장의 먼지, 쓰레기를 태울 때 나오는 연기 등으로 인해 더럽혀지고 있어요. 앞으로 이러한 원인이 생기지 않도록 우리 모두 힘쓰도록 해요.

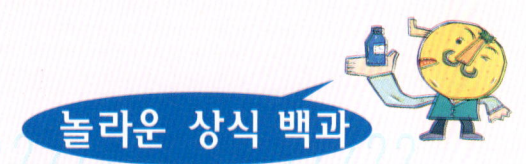
놀라운 상식 백과

공기는 어떤 힘으로 지구에 달라붙어 있을까요?

대기란, 지구를 둘러싸고 있는 공기층을 말해요. 이 공기층은 지구의 중력 때문에 지구에서 떨어져 나가지 못해요. 즉, 대기는 지구의 중력이 작용하는 범위까지 꼭 붙들려 지구에 달라붙어 있는 것이랍니다.

조사에 따르면 대기는 적어도 500킬로미터에서 1,000킬로미터 정도까지 지구에게 붙들려 있다고 해요. 로켓이 발사되어 지구의 중력권을 벗어나기 위해서는 매초 11.2킬로미터 이상의 속도를 내야만 하는데, 이것으로 보아 지구의 중력은 지구 반지름의 6배에 해당하는 거리까지 대기를 붙들고 있는 셈이 된다고 하네요.

우주에도 공기가 있을까요?

우주 공간에는 공기가 전혀 없어요. 그래서 우리가 자유롭게 우주 여행을 하는 때가 오더라도 공기를 저장하는 특수한 장비의 옷을 입어야 해요. 우주선에 타고 있는 우주 비행사처럼요. 달에도 공기가 없기는 마찬가지예요. 따라서 달에는 생물이 살 수 없고, 소리도 전달되지 않는답니다.

🍓 온도 재기

임금님을 살린 체온계

　그늘 나라가 발칵 뒤집혔어요. 무슨 일이냐고요? 사실은 온도계 임금님이 시름시름 앓고 있었거든요. 나라 안의 이름난 의사들이 모두 다녀갔지만 소용이 없었답니다.
　"몸이 불덩이네요. 아무래도 추위 나라의 고드름약을 드셔야 나을 듯하옵니다."
　어느 날 왕궁을 찾아온 체온계가 걱정스럽게 말했어요.
　이 말에 임금님이 귀를 쫑긋했어요. 그리고 당장 고드름약을 구해 오라고 체온계에게 명령했어요.

 용감한 체온계는 길을 떠났어요. 정글을 지나, 더위 나라에 도착한 체온계는 너무 더웠어요. 더위 나라는 태양이 이글대는 사막이었거든요. 그늘이라곤 어디서도 찾아볼 수가 없었답니다.
 '세상에! 이렇게 더운 곳은 처음이야. 빨리 추위 나라로 떠나야겠어.'
 하지만 체온계는 추위 나라로 가는 길을 알 수가 없었어요. 땀을 뻘뻘 흘리던 체온계는 하늘에서 쨍쨍 내리쬐는 태양에게 물어 보기로 했어요.

"태양아, 추위 나라로 가는 길을 알고 있니?"
"네가 나의 체온을 재어 주면 그 때 가르쳐 줄게."
체온계는 뜨거운 걸 참고 태양에게 조금씩 다가갔어요. 하지만 얼마 가지도 못하고 소리를 치고 말았어요.
"앗 뜨거워! 태양아, 도저히 안 되겠어. 이러다가 내 몸이 터져 버릴 것 같아."
"그러면서 네가 무슨 체온계라는 거니? 사실 내 몸의 온도는 약 섭씨 6천 도가 되지."
짓궂은 태양은 알고 있으면서도 체온계를 골려 주려고 했던 거예요. 태양은 장난을 그만두고 체온계에게 추위 나라로 가는 길을 알려 주었어요. 부랴부랴 더위 나라를 벗어난 체온계가 중얼거렸어요.
'이렇게 추운 걸 보니 여기가 바로 고드름이 있는 추위 나라인가 보네!'
체온계는 몸을 잔뜩 움츠렸어요. 몸이 와들와들 오들오들 떨렸어요. 추위 나라는 온통 하얀 눈으로 뒤덮여 있었답니다. 그래서 어디가 어딘지 도무지 분간이 되질 않았어요.
'꼭 고드름약을 구해서 우리 임금님의 병을 낫게 해 드려야 해!'

　체온계는 단단히 결심을 했어요. 이를 악물고 한참을 걸었더니 투명한 얼음 왕궁이 보였어요. 체온계는 너무 기쁜 나머지 단숨에 달려들어갔어요. 안으로 들어가 보니 얼음 대왕이 위엄 있게 앉아 있었어요. 체온계는 씩씩하게 말을 했어요.

　"얼음 대왕님, 그늘 나라의 임금님이 병에 걸려 위독하십니다. 그래서 제가 이 곳에 있는 고드름이라는 얼

음약을 구하러 왔습니다. 부디 고드름을 좀 나눠 주십시요."

체온계는 추워서 이를 달달달 떨었어요.

"하하하. 세상에 공짜가 어디 있소! 추위 나라 곳곳의 온도를 재어 주면 그 때 주겠소."

체온계는 눈덮인 산, 얼음이 언 강, 찬바람 부는 들판, 곳곳을 찾아다녔어요. 그리고 각자의 겨드랑이나, 입 속에 들어가 체온을 재어 주었지요. 이제 추위 나라에 사는 모든 것들은 자신의 온도를 갖게 되었답니다.

마지막으로 체온계는 얼음 대왕의 체온을 재어 주었어요. 그런데 얼음 대왕은 성격이 좀 급해서 체온계가 온도를 재는 시간을 참지 못하고 대뜸 물었어요.

"왜 내 체온을 얘기해 주지 않는 거요?"

"조금만 기다리세요. 원래 체온을 잴 때는 겨드랑이나 입에 넣고 5분이 지나야 확실한 온도가 나오거든요."

이 말을 듣고 난 얼음 대왕은 멋쩍어하며 머리를 긁적였어요. 5분이 지나 체온을 확인한 얼음 대왕은 정상인 걸 알고 그제서야 좋아했어요.

"고맙소! 추위 나라 백성들의 체온을 모두

알았으니 나라를 다스리기가 한결 쉬워질 것 같소. 자, 이 고드름을 가지고 가서 임금님의 병을 고치도록 하시오."

체온계는 손을 호호 불며, 고드름을 보자기에 쌌어요. 돌아오는 길에 또 더위 나라를 지나게 되었어요. 체온계 몸의 온도는 다시 치솟았어요. 걷기조차 힘들어진 체온계는 그 자리에 털썩 주저앉고 말았어요.

'물이라도 한 모금 마셨으면 좋겠다.'

혼자서 생각하던 체온계는 갑자기 깜짝 놀랐어요. 손에 들고 있던 보자기에서 물방울이 뚝뚝 떨어지고 있었던 거예요. 체온계는 우선 목부터 축이려고 보자기를 꽉 짜서 물을 먹었어요. 그런데 이건 또 무슨 일이죠? 물을 마시고 난 체온계가 보자기를 펼쳤는데 거기에 아무것도 없질 않겠어요?

'어? 고드름이 어디로 사라진 거지?'

체온계는 너무 걱정이 되었어요. 이 때 태양이 호호호 웃으며 말했어요.

"이 바보야, 고드름은 열에 약한 얼음이야. 내가 이렇게 이글거리는데 녹지 않고 배기겠어?"

"그럼, 태양 네 짓이란 말야?"

체온계는 잔뜩 화가 났어요. 하지만 태양은 아랑곳하지 않은 채 실실 웃기만 했어요.

"이 세상에 나를 당해 낼 얼음은 없어. 얼음 대왕도 내 앞에서는 맥을 못 추지! 호호호."

태양의 말을 듣고 난 체온계는 하는 수 없이 추위 나라로 되돌아갔어요. 그리고 얼음 대왕에게 이 사실을 낱낱이 이야기했어요. 얼음 대왕은 당황했습니다.

"뭐, 뭣이라고? 짓궂은 태양 놈이 고드름을 녹여 버렸단 말이지!"

매번 태양에게 당하고 살던 얼음 대왕은 골똘히 생각에 잠겼어요. 그러더니 조금 있다 무릎을 탁 쳤어요.

'맞아! 우리 나라에서 새로 개발한 냉장고가 있지.'

체온계는 고드름이 든 냉장고를 지고 다시 길을 떠났어요. 더위 나라의 태양도 냉장고 속에 든 고드름을 녹이진 못했죠. 그래서 무사히 그늘 나라에 도착했어요.

고드름을 먹고 난 임금님은 열도 내리고, 금세 건강이 회복되었어요. 그 후 체온계는 그늘 나라 임금님을 모시는 신하가 되었답니다.

궁금증 해결

체온계와 온도계의 차이점은 무엇일까요?

체온계는 몸의 온도를 잴 때 사용하는 것입니다. 몸의 온도를 잴 때는 체온계를 겨드랑이 밑에 넣거나, 입 속에 넣어서 잽니다. 체온계의 눈금은 보통 35도에서 42도까지 나타내고 있어요.

체온계의 1도는 작은 눈금 10개로 나누어져 있지요. 읽을 때는 눈금 1개를 1분이라고 말한답니다.

종류에는 일반 체온계와 디지털 체온계가 있어요. 디지털 체온계는 몸의 온도를 재면 체온이 숫자로 금세 나타난답니다.

반면 온도계는 날씨가 차거나 따뜻한 정도를 재는 기구예요. 온도계의 눈금은 0도를 중심으로 위로는 50도까지, 아래로는 –30도까지 표시되어 있어요. 온도계에 따라 차이는 있지만요.

온도계에 표시된 눈금은 큰 눈금, 중간 눈금, 작은 눈금으로 나뉘어 있어요. 큰 눈금은 10단위의 간격으로 표시되어 있지요. 작은 눈금은 큰 눈금과 큰 눈금 사이에 똑같은 간격으로 10개가 있어요. 또 큰 눈금과 중간 길이의 조금 긴 눈금 사이는 5로 나타나 있어요. 작은 눈금 하나는 1을 나타내는데, 우리는 이것을 1도로 읽는답니다.

놀라운 상식 백과

추우면 왜 오줌이 자주 마려울까요?

오줌은 혈액에서 필요한 성분을 제외한 남은 찌꺼기가 콩팥을 거쳐 오줌보에 보내진 액체입니다. 오줌은 물을 많이 마실수록 많이 생깁니다. 이 때 기온이 높으면 많은 양의 수분이 땀으로 나오므로 오줌의 양은 적습니다. 그러나 기온이 낮아 추울 때는 땀으로 나가는 수분이 거의 없어서 몸 속 모든 수분이 오줌으로 모입니다. 그래서 날씨가 추우면 오줌이 자주 마려운 것입니다.

선조들의 지혜로 알아보는 날씨

저녁놀이 생기면 날씨가 맑다 : 우리 나라의 날씨는 대체로 서쪽에서 동쪽으로 변해 갑니다. 저녁놀은 서쪽 하늘이 맑아야 생기는 것이라서 저녁놀이 생기면 당분간 날씨가 맑을 거라고 생각해도 됩니다. 옛날에는 이런 식으로 날씨를 예측했습니다.

달무리와 햇무리가 생기면 비가 온다 : 대체로 얇은 구름이 꼈다가 두꺼운 구름으로 변하면 비가 내립니다. 달무리나 햇무리는 얇은 구름이 끼면 생기는데 이것은 비가 올 날씨로 변하는 징조라고 해서 생긴 말입니다.

🍓 날씨와 우리 생활

우르르 쾅쾅 내린 벌

하늘 나라에 엄마먹장구름과 쌍둥이 구름 형제가 살고 있었어요.

쌍둥이 형제, 뭉실이와 뿌뿌는 아주 말썽꾸러기였어요. 틈만 나면 서로 다투는 게 일이었거든요.

"에잇, 상승 기류 커져라!"

뭉실이가 머리에 얼음 알갱이를 잔뜩 만들었어요. 구름들은 다 얼음 알갱이를 가지고 있지만, 뭉실이 표정을 보니 가볍게 끝날 일이 아닌 것 같았어요.

뿌뿌도 가만 있을 리 없죠.

"으라차차, 하강 기류 세져라!"

뿌뿌의 배는 아래로 축 처졌어요. 왜냐 하면 뿌뿌 구

름이 아래쪽에 있는 물방울을 늘려서 하강 기류를 세지게 했기 때문이에요.

"나도 물방울을 많이 모으면 너처럼 아랫배를 불룩하게 만들 수 있어!"

뭉실이가 시샘을 하며 뿌뿌에게 말했어요.

"치, 잘난 체는! 나라고 머리에 있는 얼음 알갱이를 못 늘릴 줄 알고?"

그럼 그렇지! 오늘도 뭉실이랑 뿌뿌의 사이가 안 좋네요. 서로 잘났다며 저렇게 말다툼을 하고 있으니 말이에요. 이런 형제 구름 때문에 엄마먹장구름은 매일 머리가 아팠어요. 하루도 편한 날이 없었지요.

"얘들아, 제발 사이좋게 지내렴. 흑흑흑."

쌍둥이 구름이 싸울 때마다 타이르던 엄마먹장구름은 매일 펑펑 울었어요. 하지만 뭉실이랑 뿌뿌는 엄마 말에는 귀도 기울이지 않았어요. 게다가 이것저것 집어던져 집 안에는 물건이 하나도 남아나지 않았습니다.

'우당탕탕!'

드디어 쌍둥이 형제가 사고를 쳤어요. 서로 머리를 부딪치고 만 거예요. 그 날 이후 뭉실이랑 뿌뿌는 너무 아픈 나머지 앓아 눕고 말았어요.

우르르 쾅쾅 내린 벌

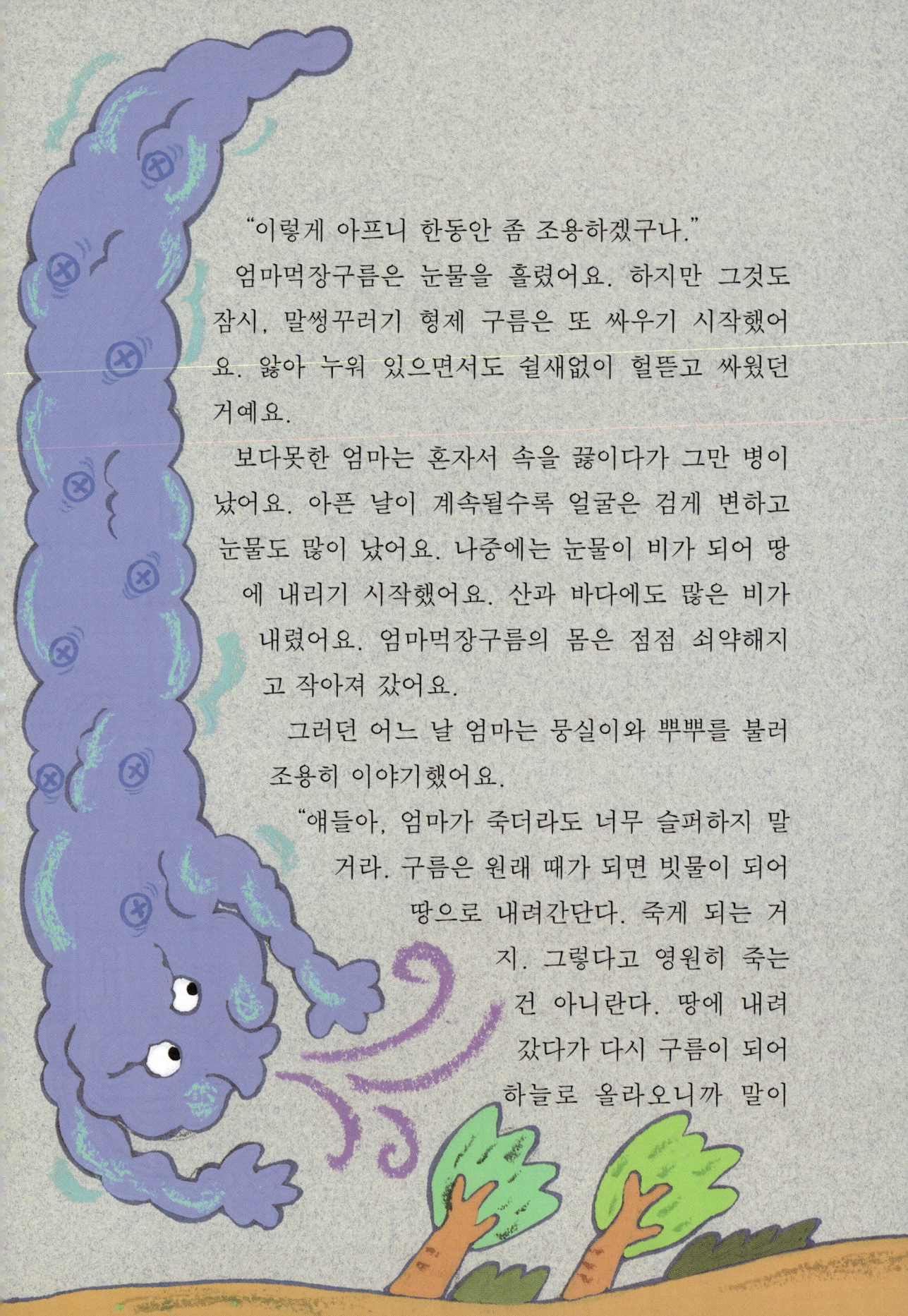

"이렇게 아프니 한동안 좀 조용하겠구나."

엄마먹장구름은 눈물을 흘렸어요. 하지만 그것도 잠시, 말썽꾸러기 형제 구름은 또 싸우기 시작했어요. 앓아 누워 있으면서도 쉴새없이 헐뜯고 싸웠던 거예요.

보다못한 엄마는 혼자서 속을 끓이다가 그만 병이 났어요. 아픈 날이 계속될수록 얼굴은 검게 변하고 눈물도 많이 났어요. 나중에는 눈물이 비가 되어 땅에 내리기 시작했어요. 산과 바다에도 많은 비가 내렸어요. 엄마먹장구름의 몸은 점점 쇠약해지고 작아져 갔어요.

그러던 어느 날 엄마는 뭉실이와 뿌뿌를 불러 조용히 이야기했어요.

"얘들아, 엄마가 죽더라도 너무 슬퍼하지 말거라. 구름은 원래 때가 되면 빗물이 되어 땅으로 내려간단다. 죽게 되는 거지. 그렇다고 영원히 죽는 건 아니란다. 땅에 내려갔다가 다시 구름이 되어 하늘로 올라오니까 말이야. 너희들이 사이좋게 지내고, 무럭무럭 자라나면 그 때 엄마가 다시 오마."

엄마먹장구름은 쌍둥이 구름이 슬퍼할까 봐 안심을 시켰어요. 한 달이 지나자 정말로 엄마의 몸은 스르르 없어지고 말았어요. 하지만 쌍둥이는 엄마의 죽음에도 아랑곳없이 여전히 싸움을 계속했어요. 엄마의 간절한 부탁도 소용이 없었어요. 이 모습을 보다 못한 하느님은 구름 형제를 불렀어요. 그리고 호되게 야단을 쳤어요.

"엄마가 돌아가셨는데도 정신을 못 차리고 싸움만 하느냐! 괘씸한 것들."

그러나 쌍둥이 형제는 잘못을 뉘우치기는커녕 서로의 탓만 했어요. 하는 수 없이 하느님은 벌을 주기로 마음먹었어요.

"이제부터 너희 머리가 부딪치면 무시무시한 천

둥이 칠 것이다. 그 소리는 너희를 귀머거리로 만들 수도 있으니 명심하거라. 그래도 싸움을 멈추지 않으면 번개까지 칠 것이니 조심하거라."

뭉실이 구름과 뿌뿌 구름은 잠시 멈칫했어요.

"하느님, 진심은 아니시죠?"

뭉실이의 말을 들은 하느님은 다시 호통을 쳤어요.

"내 말을 믿지 않고 계속 싸우면 결국엔 너희 몸에서 천둥, 번개뿐만 아니라 벼락에 비까지 내릴 것이다. 이 벌은 인간들까지 죽일 수 있느니라."

쌍둥이 형제는 며칠 동안 잠잠했어요. 그런데 며칠 못 가서 몸이 근질근질한 뭉실이가 하느님 말씀을 어기고 뿌뿌를 약 올리기 시작했어요. 참고 있을 뿌뿌가 아니죠. 둘은 다시 우당탕탕 맞붙었어요. 뭉실이랑 뿌뿌가 머리를 '쿵!' 하고 부딪치자, 우르르 소리와 함께 굉장히 큰 천둥이 쳤어요.

"아이고 귀 아파!"

먼저 시비를 건 뭉실이가 귀를 막으며 말했어요.

"나는 머리도 아프고 아무것도 안 들려!"

뿌뿌도 마찬가지였어요. 하느님 말씀대로 되고 만 거예요. 구름과 구름이 부딪치니까 어마어마한 소리가 난

거죠. 이번에는 뿌뿌가 먼저 뭉실이의 머리를 '쿵! 쿵! 쿵!' 들이받았어요.

"앗 따가워!"

그런데 이번에는 더 심각한 일이 벌어졌어요. 쌍둥이 구름들 몸 속에 있던 물방울이 갈라지고, 얼음 알갱이가 부서진 거예요. 뿐만 아니라 양전기와 음전기가 생겨 번개까지 번쩍했어요. 그러나 만신창이가 되어서도 싸움을 끝내지 않았어요. 쿵쿵쿵 쉴새없이 맞붙잡고 부딪치고 난리가 났어요.

"우르르 쾅쾅!"

하느님 말씀대로 뭉실이와 뿌뿌의 몸에서 천둥과 번개가 치면서 비까지 내렸어요. 그러자 뭉실이와 뿌뿌의 몸은 점점 작아져 갔어요. 결국 쌍둥이 구름도 엄마먹장 구름처럼 비가 되어 땅으로 내리면서 죽고 만 거예요.

하지만 하느님은 쌍둥이 구름을 언젠가는 사이 좋은 구름으로 만들어서 하늘에 둥둥 띄워 주기로 마음먹었답니다.

궁금증 해결

천둥과 번개는 누가 더 빠를까?

날씨가 잔뜩 찌푸린 여름 하늘을 한번 쳐다보세요. 하늘에서 갑자기 번갯불이 번쩍하고는, 천둥 치는 소리가 들릴 거예요.

'우르르 쾅쾅!' 하늘이 심상치 않을 때, 어째서 천둥 소리는 번개보다 늦게 들리는지 알아볼까요?

한 마디로 말하자면 빛이 소리보다 속도가 빠르기 때문이랍니다. 빛은 1초에 약 30만 킬로미터를 갈 수 있어요.

그런 반면에 소리는 1초 동안 공기 속에서 약 340미터밖에 가지 못한답니다.

그 이유는 바로 빛과 소리의 속도 차이 때문이에요. 그래서 우리는 번개를 먼저 보고, 천둥 소리를 나중에 듣게 되는 거예요.

우리가 볼 때 번개는 한두 번 정도 치는 것 같지만 특수 카메라로 촬영해서 보면 그렇지 않다는 것을 알 수 있어요.

번개는 구름과 땅 사이를 100분의 1초에서 1,000분의 1초의 짧은 시간에 몇 번이나 왕복한답니다.

놀라운 상식 백과

안개도 구름일까요?

밤은 낮에 비해 지표면이 식어 기온이 많이 내려갑니다. 이 때 공기 속의 수증기가 한데 엉겨 작은 물방울로 변해서 지표면 가까이에 떠 있는 것이 안개입니다. 짙은 안개일 때는 10미터 앞도 보이지 않는데, 기상 요소를 측정할 때는 1킬로미터 앞이 보이지 않을 때부터를 안개가 낀 것이라고 생각합니다. 이러한 안개는 땅에 깔리는 매우 낮은 구름의 일종입니다. 그러니까 안개와 구름과는 전혀 차이가 없는 것입니다.

자동차를 타고 있을 때 천둥 번개가 치면 어떻게 해야 할까요?

차를 타고 갈 때 장대비가 쏟아지면서 천둥 번개가 칠 때는 창문을 꼭 닫고 차 안에 가만히 있는 게 제일 안전합니다.

밖에서 아무리 천둥 번개가 쳐도 차 안까지는 번개가 들어올 수 없습니다. 번개의 강력한 전기가 자동차에 부딪친 다음 땅으로 흘러가 버리기 때문입니다. 그래서 천둥 번개가 치는 날은 오히려 자동차 안에 가만히 앉아 있는 게 더 안전한 것입니다.

우르르 쾅쾅 내린 벌

씽크탱크

구름을 타고 다닐 수 있을까요?

칠칠이는 오늘 아빠와 함께 등산을 갔어요. 아주 높은 산봉우리까지 올라간 칠칠이는 신기한 걸 발견했어요.

"우와아, 구름이 내 발 밑에 있네!"

그 때였어요. 손오공이 구름을 타고 나타난 거예요.

"안녕? 난 손오공이야."

칠칠이는 손오공이 부러워서 견딜 수가 없었어요. 그래서 구름에 타려고 껑충 뛰었어요.

"칠칠아, 안 돼. 떨어진단 말이야."

"손오공은 타면서 왜 저만 못 타게 하는 거예요?"

칠칠이는 고집을 피웠어요. 그 때 어디선가 바람이 휘익 불어 왔어요.

"으잉? 저게 뭐야."

바람에 구름이 걷히자 손오공이 높은 바위 위에 앉아 있는 게 보였어요. 하얗고 보송보송한 게 솜털같이 보이는 구름이었어요. 구름은 사실 그냥 물방울덩어리랍니다.

공기 중에는 굉장히 많은 수증기가 있어요. 공기처럼 그냥 떠다니기 때문에 잘 보이지 않을 뿐이죠.

이 수증기가 차가운 공기를 만나 물방울이 되고, 그 물방울들이 모이면 구름이 되는 것이랍니다.

🍓 물에 사는 생물

도희의 허약한 금붕어

　매일 내 생일이었으면 좋겠다. 선물도 많이 받고 즐거우니까. 수향이랑 나영이가 준 학용품으로 열심히 공부해야지! 그리고 윤철이가 준 프리지어꽃은 정말 향기롭다. 하지만 내게 가장 특별한 건 따로 있다. 그건 바로 현웅이가 준 어항 속의 금붕어 두 마리다. 금붕어를 주면서 부끄러워하는 현웅이의 얼굴이 자꾸 떠오른다. 사실은 나도 어항을 받으면서 얼굴이 빨개지긴 했다. 그래서 수향이랑, 나영이랑, 윤철이가 '얼레리 꼴레리'라고 놀렸다. 하지만 기분이 나쁘진 않았다. 왜냐 하면 나도 현웅이가 좋기 때문이다. 현웅이가 준 금붕어를 정말로 사랑해 주어야겠다.

—도희의 일기 끝!

도희는 일기를 쓰고 잠이 들었습니다. 아마도 신나는 꿈나라 여행을 했을 겁니다.

다음 날 학교에 다녀온 도희는 책상 위에 있는 어항부터 살펴보았습니다.

"얘들아, 언니 학교 다녀왔단다. 싸우지 않고 잘들 놀았겠지?"

도희는 금붕어에게 말을 건네며, 어항을 욕실로 가지고 갔습니다. 그리고 어항에 있는 물을 버린 다음 수돗물을 넣어 주었습니다.

"금붕어야, 내가 매일 깨끗한 물로 갈아 줄게. 너희들도 좋지?"

도희는 콧노래를 부르며 물고기들에게 물을 주었습니다. 일 주일 동안 하루도 빼놓지 않고 열심히 물을 갈아 주었습니다. 그런데 참 이상한 일이 생겼습니다. 도희가 그렇게 정성을 들였는데, 일 주일이 지났을 때 금붕어들이 힘없이 비실비실했던 것입니다.

"아니? 금붕어야, 어디 아프니?"

도희는 안쓰러운 표정을 지었습니다.

"이키, 너희들 배가 고픈 게로구나? 어항 밖으로 입을 내미는 걸 보니 말이야."

도희는 금붕어에게 먹이를 듬뿍 주었습니다. 하지만 소용 없었습니다. 며칠이 지나자 금붕어 한 마리가 거꾸로 떠올랐습니다. 눈을 끔뻑끔뻑하면서 말이에요.

"엄마! 큰일났어요. 금붕어가 죽으려나 봐요. 현웅이가 생일 선물로 준 건데……."

도희가 호들갑스럽게 말하자 엄마는 놀라서 후닥닥 달려왔습니다.

"제가 매일 물도 갈아 주고, 먹이도 많이 주었는데 금붕어가 기운이 없어요. 이러다가 죽으면 어떡하죠?"

엄마는 고개를 끄덕이며 웃으셨습니다. 그리고 신발장에 넣어 두었던 네모난 어항을 꺼내 오셨습니다.

"어항을 큰 것으로 바꿔 주자. 그래야 산소가 모자라지 않지. 이 어항은 너무 작아서 산소가 금세 없어진단다. 어항을 바꿔 주면 괜찮을 거야."

엄마는 작은 어항 속에 들어 있던 금붕어를 큰 어항으로 옮겨 담았습니다.

"아아, 그래서 금붕어가 어항 밖으로 입을 내밀고 뻐끔거렸군요."

도희의 얼굴이 금세 밝아졌습니다. 엄마가 다시 도희에게 말씀하셨습니다.

"맞아. 그리고 어항의 물은 너무 자주 갈아 주는 게 아니란다. 왜냐 하면 금붕어는 물의 온도에 따라서 몸의 온도가 변하는 냉혈 동물이기 때문이야."

"그럼, 제가 수돗물을 너무 자주 갈아 줘서 금붕어의 몸 상태가 나빠진 거예요?"

"그렇지."

엄마는 도희에게 대답을 해 준 뒤 무언가 생각난 듯 다시 말씀하셨습니다.

"아 참, 그리고 수돗물은 받아 놓고 하루나 이틀 정도

두었다가 갈아 줘야 해."
도희는 고개를 갸우뚱했습니다.
"왜냐 하면 수돗물에는 염소라는 약품이 들어 있는데 물에서 사는 나쁜 균을 없애기 위해 사람들이 넣은 거지. 그 약품은 양이 적어서 사람에게는 해롭지 않지만 금붕어에게는 매우 위험하단다. 그래서 물을 미리 받아 놓아야 하는 거야. 물을 받아서 며칠 놔 두면 염소도 날아가고, 물의 온도도 어항의 것과 비슷하게 되니까 금붕어들이 좋아하지."
그제서야 도희는 고개를 끄덕였습니다.
도희와 엄마는 어항을 깨끗이 씻은 다음 밝은 창가에 두었습니다. 도희는 이제 한결 마음이 놓였습니다.
"내일 학교에 가면 현웅이에게도 가르쳐 줘야지!"
도희는 마음이 뿌듯했습니다.

궁금증 해결

연못과 비슷한 어항을 꾸미려면 어떻게 해야 할까요?

물고기들은 어항보다는 자연 그대로의 연못에서 더 잘 살아요. 그렇다면 집에서 키우는 물고기들이 잘 살 수 있도록 연못과 비슷한 어항을 꾸며 주는 게 좋겠지요.

우선 어항을 물로 깨끗이 씻어야 해요. 비누는 절대 사용하지 마세요. 그리고 어항 바닥에 깨끗한 모래를 5~6센티미터 정도 까세요. 모래 위에 돌 등을 얹어야겠죠. 그런 다음 연못물이나 하루 전쯤에 떠 놓았던 수돗물을 조금 넣으세요. 그 다음 물풀을 심어 주어야 해요.

물풀은 산소를 만들어 내는 것이므로 꼭 심어 주어야 해요. 혹시 물풀을 못 심게 되면, 산소를 공급해 주는 공기 주입 장치를 설치해 주면 좋아요. 공기 주입기나 물풀을 심은 다음에는 어항에 물을 충분히 채웁니다. 물이 채워지면 연못에 사는 생물을 넣으면 돼요. 이렇게 어항이 다 꾸며지고 나면 햇빛이 너무 강하지 않은 창가에 두고 잘 길러 보세요.

햇빛이 강한 곳에 어항을 두면 물의 온도가 너무 올라가게 되므로 물고기들에게 아주 나쁘거든요. 그런 다음엔 알맞은 먹이를 주면서 세심하게 관찰하도록 하세요.

놀라운 상식 백과

암컷이 수컷이 되는 물고기도 있을까요?

자연의 세계는 참 신비롭습니다. 어린 새끼 때는 암컷들뿐이다가 크면 암컷과 수컷으로 각기 바뀌는 물고기가 있으니 말입니다.

그런가 하면 어릴 때는 수컷이다가 자라면 암컷이 되는 물고기도 있습니다. 우리 나라 남해에 많이 사는 감성돔이라는 물고기가 그렇습니다.

감성돔은 몸의 크기가 10센티미터 정도일 때까지는 모두 수컷이지만, 그 후 20센티미터 크기가 되면 수컷과 암컷으로 나뉩니다.

물고기도 색깔을 구별할까요?

생물학자들은 1913년경에 물고기가 색깔을 구별한다는 사실을 입증했습니다.

사람의 눈으로는 구별조차 할 수 없는 희미한 자외선도 물고기는 뚜렷하게 구별한답니다. 그리고 빨간색은 싫어하고 녹색은 좋아하는 물고기가 있다는 사실도 밝혀졌습니다.

● 물에 사는 생물

토끼 의사가 찾아간 연못

"큰일났어요. 물고기들이 모두 앓아 누웠어요."

다람쥐가 헐레벌떡 달려와 토끼 의사에게 말했어요.

토끼 의사는 빨간 눈을 동그랗게 뜨고, 왕진 가방을 챙겨 연못으로 뛰어갔어요. 연못에 도착한 토끼 의사는 물고기 한 마리를 건져 올려 청진기로 진찰을 했어요.

"이런! 연못물이 오염됐군. 다람쥐야, 깨끗한 계곡물 좀 떠다가 이 나무통에 채우거라."

다람쥐는 토끼 의사가 시키는 대로 했어요. 물이 가득 차자 토끼 의사는 투망으로 물고기들을 모두 건져 나무 물통에 담았어요. 하지만 물고기들은 여전히 기운이 없었어요.

조금 뒤에 여우 세 마리가 소풍을 와서 밥을 해 먹었어요. 지글지글 음식을 만들어 먹더니, 음식 쓰레기를 연못 속에 던져 버렸어요. 그리고는 춤추고 노래하며 신나게 노는 거예요. 이 모습을 지켜 보던 토끼 의사는 참다못해 소리를 버럭 질렀어요.

"자연 보호도 몰라요? 당신들이 놀러 왔다가 버리고 간 음식 쓰레기며, 빈 병이 물고기들에게 얼마나 해를 입히는 줄 알기나 하냐고요!"

여우들은 토끼의 말을 듣는 둥 마는 둥 하더니 연못을 떠났어요.

"몰상식한 여우들 같으니라고! 다람쥐야, 어서 물안경을 쓰렴. 우리가 더러운 연못을 청소하자."

토끼 의사와 다람쥐는 연못 속으로 들어갔어요. 물 속은 빈 병과 음식 쓰레기로 가득했어요. 너무 물이 탁해서 속이 제대로 보이지도 않았어요. 한참 동안 청소를

하는데 어디선가 '부릉부릉' 자동차 소리가 들렸어요.

원숭이가 빨간 스포츠 카를 몰고 와 연못물을 떠서 열심히 닦고 있었어요. 휘파람을 불면서 말이에요.

"아니, 원숭이 너 지금 뭐 하는 거야?"

화가 난 토끼 의사는 물 밖으로 나왔어요.

"여기서 차 좀 닦는 게 뭐 그리 잘못이라고 그러세요. 의사 선생님이 이 연못 주인이라도 됩니까?"

원숭이는 아무렇지도 않게 대꾸했어요. 토끼 의사는 기가 막히다는 얼굴로 말했어요.

"너 같은 동물들 때문에 이 연못에 사는 물고기들이 목숨을 잃어 가고 있어. 네 눈에는 이게 안 보이니?"

"맞아요. 차는 세차장에서 씻어야지요. 물이 오염되면 연못에 사는 물고기들은 어디로 가란 말인가요?"

다람쥐도 흥분한 목소리로 원숭이를 다그쳤어요. 원숭이는 머리를 긁적이며 차를 타고 얼른 달아났어요.

의사와 다람쥐는 계속 연못을 청소했어요.

"의사 선생님, 예전에는 실지렁이가 없었는데 지금 보

니 여기 살고 있네요?"
"이런! 실지렁이가 살게 되면 이 연못물은 4급수라는 뜻인데……, 저 위에 있는 공장에서 폐수를 흘려 보내는 게 틀림없어."
토끼 의사와 다람쥐는 연못 주변을 세심하게 살펴보았어요.
"의사 선생님! 여기예요. 시커먼 기름이 막 흘러들어오고 있어요."
"그럼 그렇지! 이제 이 물에서는 물고기들이 전혀 살 수 없을 거야."
토끼 의사는 걱정스런 얼굴로 혀를 찼어요. 다람쥐는 울상이 되어 물었죠.
"그럼, 이 물고기들은 어디서 살아야 하죠?"
잠시 생각에 잠겼던 토끼 의사가 말했어요.
"우선 공장에 찾아가 폐수를 흘려 보내지 말라고 항의하자. 그리고 이 연못을 치우자꾸나."
"그러면 당분간 물고기들은 나무 물통에서 살 수밖에

없겠네요."
다람쥐가 걱정스럽게 물고기들을 쳐다보았어요.
"할 수 없지. 우리가 고생을 좀 하는 수밖에. 이 쓰레기를 다 치우고 나면 연못도 스스로 깨끗해지는 정화 작용을 할 거야. 그렇게 되면 물고기들을 연못에 넣어 주자꾸나."
토끼 의사는 계속 연못을 치웠어요.
"어서 물고기들이 살 곳을 찾았으면 좋겠어요."
다람쥐는 통 속에서 빼꼼대는 물고기들이 안쓰러웠어요. 토끼 의사 역시 마찬가지였지요.
"맞아. 앞으로는 이 연못이 더 이상 오염되지 않도록 우리가 환경 감시단이 되자. 사실 수질 오염을 막는 일은 우리 모두의 몫이라는 걸 다른 동물들도 알아야 하는데……. 이렇게 물이 오염되다간 먹을 물도 없겠어."
토끼 의사는 마음이 무거웠어요. 그 후 다람쥐와 토끼 의사는 매일 연못을 청소하고, 더 이상 오염되지 않도록 최선을 다했답니다.

궁금증 해결

우리 함께 해요

 오염된 물을 물고기가 살 수 있는 물로 만들기 위해서는 깨끗한 물이 아주 많이 필요합니다. 가정에서 주로 사용하는 것들을 한번 예로 들어 볼게요.

 우선 간장 15밀리리터를 버리면 이것을 깨끗한 물로 바꾸는 데는 욕조물의 1.5배인 450리터의 물이 필요해요. 또 우리가 자주 먹는 라면 국물 200밀리리터를 버리면 욕조물의 3.3배인 990리터의 물이 있어야 해요. 가정에서 매일 마시는 우유 200밀리리터를 버리게 되면 욕조물의 10.4배인 3,120리터의 물을 쏟아 부어야만 깨끗한 물이 되어 물고기가 살 수 있는 거예요.

 이 밖에도 쌀뜨물이나 된장 국물, 마요네즈, 어묵 국물 등을 함부로 버렸을 때 이것을 깨끗하게 하기 위해 드는 물의 양과 비용은 어마어마하지요.

 이제부터는 우리가 함께 해요.

 먼저 가정에서부터 음식 쓰레기를 줄여야 합니다. 또 설거지할 때 쓰는 세제나 머리 감을 때 쓰는 샴푸 등 합성 세제의 사용을 자제하도록 다 함께 노력해야겠습니다.

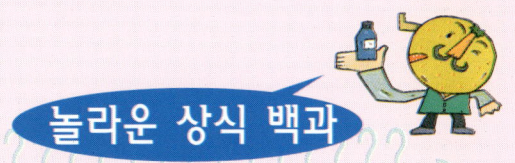
놀라운 상식 백과

지구를 살리자고요!

무심코 버린 알루미늄 캔 한 개는 500년이 지난 후에도 지구를 어지럽힙니다.

알루미늄 캔 두 개를 버리면 가난한 나라에 사는 한 사람이 하루에 사용하는 에너지보다 많은 양의 에너지를 낭비하는 것입니다. 그런데 알루미늄 캔은 재생만 하면 새로운 자원이 될 수 있습니다.

물에도 등급이 있어요

버들치, 은어, 송어가 사는 물을 1급수라고 합니다. 1급수는 바로 먹을 수 있는 깨끗한 물입니다.

그리고 쏘가리, 모래무지 등이 살면 2급수의 물입니다. 2급수의 물에서는 목욕은 할 수 있습니다.

3급수의 물에는 미꾸라지, 메기 등이 삽니다. 이 물은 농업 용수로 사용됩니다.

4급수의 물에서는 물고기가 살 수 없고, 실지렁이만 삽니다. 이 물은 식수로는 전혀 사용할 수 없고 공업 용수로만 이용됩니다.

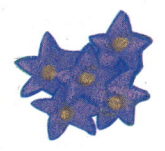

● 물에 사는 생물

꼬마 물벼룩과 부레옥잠 아주머니

물 속 마을에 물벼룩이 살고 있었습니다. 아픈 어머니를 모시고 가난하게 살고 있었지요.

물 속 마을에서는 공기가 가장 소중한 보물이었습니다. 그러나 물벼룩은 너무 어려서 밖에 나가 공기를 얻어 오기가 쉽지 않았답니다. 게다가 물 밖에는 무서운 황소개구리가 살아서 함부로 나가지도 못했습니다. 하루는 물벼룩이 뭔가 결심한 듯 어머니에게 말했습니다.

"어머니, 제가 옆집 장구애비 아저씨에게 가서 공기를 좀 꿔 올게요."

"아서라. 괜히 욕만 먹고 돌아올 거야……콜록콜록."

어머니가 말렸지만 물벼룩은 용기를 내서 장구애비의

집을 찾아갔습니다.
"계세요? 장구애비 아저씨 계세요?"
"누가 이렇게 시끄럽게 구는 거야?"
장구애비는 물풀 문을 드르륵 열었습니다.
"물벼룩 네가 웬일이냐?"
"다름이 아니라, 저희 어머니가 위독하세요. 그런데 공기를 구할 길이 없어요. 부탁이니 공기 한 주머니만 좀 꿔 주세요."
"뭐? 한 주머니씩이나! 내게 그만한 공기가 어디 있니? 다른 데 가서 알아보거라."
장구애비는 딱 잘라 거절했습니다.
"아저씨는 이렇게 큰 물풀 집에서 사시니, 공기 한 주머니 정도는 빌려 주실 수……."
"네가 뭘 모르나 본데, 요즘 공기 한 주머니 구하기가 하늘에서 별따기보다 힘들어. 더구나 물 밖에 사는 황소개구리 때문에 통 공기를 구하질 못했어."
그러나 장구애비는 물 밖에 있는 황소개구리에게 아첨을 잘 했습니다. 그래서 늘 물풀 창고에는 공기가 가득했습니다. 그렇지만 욕심 많은 장구애비는 남에게 공기를 꿔 주는 일이 없었습니다.

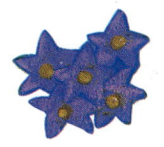

　물벼룩은 잔뜩 실망한 얼굴로 톡톡 튀어 집으로 돌아왔습니다. 이 소문을 들은 가재 의사는 물벼룩 어머니를 공짜로 진찰해 주었습니다.
　"공기를 드시지 못하면 이제 하루를 넘기기가 힘들 것 같습니다."
　가재 의사도 어쩔 수가 없었습니다. 의사가 돌아간 후 물벼룩은 어머니를 붙잡고 밤새도록 울었습니다. 다음 날 아침이 되자 누군가 문을 두드렸습니다.
　"물벼룩아, 집에 있니?"
　물벼룩이 통통 부은 얼굴로 문을 열어 보니, 이웃 마을에 사는 부레옥잠 아주머니였습니다.
　"집에 있었구나. 어머니가 많이 아프다며? 가재 의사가 일러 줘서 이렇게 왔단다."
　부레옥잠 아주머니는 자신의 잎자루 허벅지를 꾹꾹 찔렀습니다. 아프긴 했지만 물벼룩의 어머니를 위해 공기를 빼내는 것이었습니다.
　"물벼룩아, 어서 이 공기 방울을 어머니에게 드리렴!"
　아주머니의 잎자루 허벅지에서는 뽀로록뽀로록 공기 방울이 튀어 나왔습니다. 물벼룩은 고마워하며 공기 방울을 모아 어머니에게 드렸습니다. 하지만 물벼룩 어머

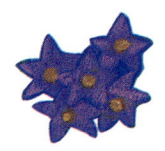

니는 점점 기운을 잃어 갔습니다. 공기를 받아 마실 힘조차 없었던 것입니다.

"어머니, 기운 좀 차려 보세요."

물벼룩은 있는 힘껏 어머니의 입에 공기를 넣어 드렸습니다. 이번에는 부레옥잠 아주머니가 자신의 허벅지를 도려냈습니다. 아주머니의 허벅지 속은 스펀지처럼 숭숭 뚫려 있었습니다. 그 속에서 공기가 쉴새없이 쏟아져 나왔습니다. 그러나 물벼룩의 어머니는 영영 눈을 뜨지 못했습니다.

"어머니! 저만 두고 가시면 어떻게 해요? 으아앙!"

물벼룩은 돌아가신 어머니를 안고 엉엉 울었습니다. 부레옥잠 아주머니는 물벼룩 어머니의 장례식을 치러 준 다음, 물벼룩을 데리고 자신의 집으로 갔습니다. 허벅지를 도려냈기 때문에 아주머니는 며칠 동안 걸을 수가 없었습니다. 그래서 물벼룩은 아주머니의 상처가 아물 때까지 최선을 다해 돌봐 드렸습니다.

낮에는 아주머니를 간호하고, 밤에는 황소개구리의 눈을 피해 조금이나마 공기를 모아 왔습니다. 그 후 물벼룩과 마음씨 착한 부레옥잠 아주머니는 서로 아끼며 행복하게 살았답니다.

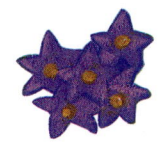

그런데 물벼룩을 쫓아 버렸던 장구애비는 어떻게 되었는 줄 아세요?

매일 황소개구리에게 아첨해서 공기를 모으다 보니 더욱 욕심이 났죠. 그래서 낮에는 황소개구리에게 잘 보여 공기를 가져오고, 밤에는 몰래 배 끝에 달린 한 쌍의 긴 호흡관으로 공기를 모았어요. 하지만 꼬리가 길면 잡히는 법!

누군가 황소개구리에게 장구애비의 행동을 일러바쳤던 겁니다. 이 사실을 안 황소개구리가 그냥 넘어갈 리 없죠.

잔뜩 화가 난 황소개구리는 당장이라도 장구애비를 찾아가 혼내 주고 싶었지만 증거를 잡아야겠다고 생각했습니다. 그 날 밤 황소개구리는 잠도 안 자고 장구애비가 나타나기만 기다렸습니다. 아니나다를까 장구애비는 캄캄한 밤이 되자, 살금살금 연못 밖으로 호흡관을 쑥 내밀었습니다.

"이런 얄미운 놈 같으니라고!"

황소개구리는 얼른 장구애비의 호흡관을 잡아끌었습니다. 그리고 꿀꺽 먹어 버렸습니다. 장구애비는 결국 자기 꾀에 자기가 넘어가고 말았습니다.

부레옥잠은 왜 물에 잘 뜰까요?

　부레옥잠의 잎은 굵은 잎자루에 붙어 있으며, 둥글고 넓적해요. 그리고 옆으로 퍼졌답니다. 뿌리는 색깔이 검고, 수염 뿌리가 많이 붙어 있어요. 이 많은 뿌리는 아래로 길게 나 있어서 잘 쓰러지지 않아요. 잎자루의 모양은 아랫부분이 볼록하게 부풀어 있어요.

　이 볼록한 부분은 공기주머니라고도 불러요. 이 공기주머니를 손으로 누르면 폭신하지요. 마치 스펀지처럼 생겨서 쑥쑥 잘 들어가요. 사실 부레옥잠은 뿌리, 줄기, 잎의 구별이 그리 뚜렷하지는 않아요. 따라서 몸의 대부분이 잎이라고 보면 된답니다.

　부레옥잠의 잎자루 속 모양은 어떨까요?

　부레옥잠의 잎자루를 가로나 세로로 잘라서 확인해 보면 잘 알 수 있어요. 그 안은 스펀지처럼 구멍이 숭숭 뚫려 있어요.

　바로 이 구멍에 공기가 많이 들어 있어서 잎자루가 가벼워지는 것이지요.

　이처럼 잎이 넓적하고, 잎자루에 공기가 많이 들어 있어서 부레옥잠은 물에 잘 떠 있는 것이랍니다.

놀라운 상식 백과

사람을 해치는 민물고기

아마존 강에 사는 피라니어라는 물고기는 사람을 해칩니다. 피라니어는 이빨이 있는 물고기라는 뜻으로 약 20종류가 있습니다. 그 중 사람을 습격하는 것은 4종류입니다.

특히 레드피라니어는 면도날처럼 날카로운 이빨을 가지고 있습니다. 피라니어는 매우 사납고 신경이 날카롭지만, 한 마리씩 있을 때는 겁쟁이여서 동물을 해치지 못합니다. 그러나 수백 마리, 또는 수천 마리가 한데 모이면 매우 난폭해집니다. 때로 소처럼 큰 짐승에게도 덤벼들어 순식간에 뼈만 남겨 놓기도 한답니다.

미꾸라지가 맑은 물에 들어가면 어떻게 될까요?

미꾸라지는 주로 지저분한 진흙 속에서 삽니다. 미꾸라지가 맑은 물에 들어가면, 껍질이 하얘지고 아가미가 썩어 들어가는 아가미병에 걸립니다. 미꾸라지가 진흙에서 잘 사는 이유는 그 속에 있는 특수 균이 피부와 아가미에 달라붙어 다른 병원체의 접근을 막아 주기 때문입니다. 즉 미꾸라지가 맑은 물에 들어가면 금세 죽는 이유는 이 특수한 균이 맑은 물에는 없기 때문입니다.

물 위를 걷는 소금쟁이

똘똘이 소금쟁이와 곰곰이 소금쟁이가 연못에서 만났어요. 그런데 곰곰이 소금쟁이가 물 속에 들어가고 싶어서 끙끙거리고 있었어요. 이 모습을 본 똘똘이 소금쟁이가 말했어요.

"곰곰아, 털신을 벗고 들어가면 되잖아."

"아아, 그러면 되겠구나!"

곰곰이 소금쟁이는 얼른 털신을 벗었어요. 물론 똘똘이 소금쟁이도 같이 벗었지요. 그 날 똘똘이 소금쟁이와 곰곰이 소금쟁이는 물 속에 들어가 신나게 놀았답니다. 그런데 한참 놀다가 밖으로 나오려는데 문제가 생겼지 뭐예요.

"야, 우리 어떻게 나가냐?"

"나도 몰라."

정말로 소금쟁이들이 털신발을 벗고서 물 속에 들어간 걸까요?

여러분도 잘 알겠지만 소금쟁이는 몸이 가늘고 가벼워요. 게다가 털신도 신었지요. 이 털신에서는 미끄러운 기름이 계속 나온대요. 원래 기름은 물 위에 뜨잖아요. 이와 같은 원리로 소금쟁이는 물 속으로 빠지지 않는다는군요.

하지만 이 털신은 신었다 벗었다 할 수는 없어요. 소금쟁이가 태어날 때부터 발에 붙어 있는 털이니까요. 소금쟁이의 다리를 자르지 않는 이상 이 신발을 벗길 수는 없답니다.

🍓 초파리의 한살이

집파리의 최후

"우아, 맛있겠다!"

어느 집 안을 들여다보던 초파리의 눈이 왕방울만해 졌어요. 그 곳에 초파리가 좋아하는 과일 껍질이 수북했 거든요. 오늘이 무슨 날인지 그 집에는 사람들이 많이 모여 있었어요. 그들은 빙 둘러앉아 이야기를 나누며 과 일을 먹고 있었지요.

"꿀꺽! 저길 어떻게 들어가지?"

군침을 삼키던 초파리는 요리조리 눈치를 살폈어요. 그러다가 약간 열려 있는 창문 틈으로 들어갔어요.

초파리는 눈치를 살피며 포도 껍질에 앉았어요.

"아이, 맛있어. 역시 포도즙이 최고야."

초파리는 포도 껍질에 머리를 푹 파묻고, 엉덩이는 뒤로 쭉 뺀 채 포도즙을 쪽쪽 빨아먹기 바빴어요.

그 때 어디선가 험상궂게 생긴 집파리가 다가왔어요.

"웬 녀석이냐? 이 집은 내가 사는 곳이니 당장 나가!"

집파리가 초파리를 쏘아보았어요.

"여기가 어떻게 네 집이야? 우리는 먹이가 있는 곳이면 어디든 다닐 수 있는 거 아니니?"

초파리가 입가를 쓰윽 닦으며 대꾸했어요.

"가라면 갈 것이지 웬 잔소리가 그리 많아. 어서 썩

꺼지지 못해!"

집파리가 큰 소리로 초파리를 겁주었어요. 초파리는 더 이상 대꾸를 하지 않는 게 낫겠다고 생각했어요.

"이번엔 복숭아즙을 좀 먹어 볼까?"

초파리는 웽웽 날아 복숭아 껍질로 자리를 옮겼어요.

"저 녀석이!"

집파리는 씩씩거리며 초파리를 따라왔어요.

"몸집도 쬐그만 땅꼬마 녀석이 까불어!"

집파리가 덩치 이야기를 하자 초파리는 자존심이 상했어요.

"그깟 몸집 좀 크다고 지금 나를 깔보는 거니?"

"하하하, 그깟 몸집이라고? 나보다 일곱 배나 작은 주제에 그깟 몸집이라니, 참으로 우습구나."

집파리가 초파리를 무시하듯 말했어요.

"몸집만 작으면 말도 안 해. 눈 색깔은 왜 그리 빨간 거니? 눈에 불이라도 달고 다니는 것처럼 말이야."

집파리는 자기의 눈 색깔이 검다는 걸 자랑이라도 하려는 듯했어요.

초파리는 무척 약이 올랐어요.

잠시 생각에 잠겼던 초파리가 입을 열었어요.

"남의 눈 색깔을 들먹이는 건 어리석은 짓이야. 이 세상엔 너처럼 눈이 검은 파리도 있고, 나처럼 눈이 빨간 파리도 있고, 검은 갈색을 가진 파리도 있지 않니? 원래 타고난 걸 가지고 이러쿵저러쿵하는 건 무식한 파리들이나 하는 짓이라고."

"뭐? 무식한 파리?"

이번엔 집파리가 약이 올랐어요.

여기서 물러설 집파리가 아니었어요.

집파리는 사과 껍질 쪽으로 자리를 옮기는 초파리에게 말했어요.

"쳇! 수선스러운 녀석. 몸집이 작아서 아무도 관심을 가져 주지 않으니까 어떻게든 관심 좀 끌어 보려고 이리저리 왔다갔다한다니까. 그런다고 누가 관심이나 가져 줄 줄 알아? 정말 꼴불견이라니까."

집파리가 이죽거렸어요.

초파리는 더 이상 참을 수가 없었어요. 그래서 입 안에 있던 사과ㄴ즙을 집파리에게 퉤 뱉었어요.

"아얏! 이 땅꼬마 녀석이!"

화가 난 집파리는 앵앵 날개를 파닥거렸어요.

"맛 좀 봐라!"

"아얏!"

초파리는 집파리의 커다란 날개에 맞아 풀썩 쓰러졌어요. 그래도 집파리는 화가 풀리지 않았는지 초파리의 주위를 돌며 계속 괴롭혔어요.

초파리는 몸을 가눌 수 없을 정도가 되었지요.

"그… 그만 해."

"흥! 그만 하라고? 남의 집에 들어와서 먹이를 빼앗아 먹은 것도 모자라, 무식하다는 소리까지 해 놓고 그만 하라는 말이 나와!"

집파리는 제 분에 못 이겨 계속 앵앵 날아다녔어요.

그 때였어요.

"에끼, 요놈의 파리 어디서 알짱거려!"

과일을 먹던 한 남자가 신경질적으로 말했어요.

이 말을 들은 집파리는 보이는 게 없는 듯했어요.

"뭐? 알짱거린다고?"

집파리는 그 남자 앞에서 앵앵거렸어요.

"더러운 파리 같으니라고. 에잇!"

남자가 파리채로 집파리를 내리쳤어요.

파리채에 맞은 파리는 끽 소리도 못 하고 그 자리에서 죽고 말았지요.

그 사이에 초파리는 기운을 되찾았어요.
"자기밖에 모르는 욕심꾸러기 같으니라고."
초파리는 죽은 집파리를 향해 혼잣말을 하고는 사람들을 피해 집 밖으로 웽웽 날아갔답니다.

초파리의 한살이

초파리는 전 세계적으로 약 2천 종이 있다고 알려져 있어요.

우리 나라에는 150여 종이 있고요. 그 가운데 대표적인 것이 노랑초파리이지요. 초파리는 식초 같은 냄새가 나는 물질을 좋아해요. 옛날에 농촌에서 누룩으로 식초를 만들 때 윙윙거리며 모여드는 것을 보고, 사람들은 이 파리가 초에만 모여드는 파리인 줄 알고 초파리라고 이름을 붙였다고 해요. 하지만 나중에 알고 보니 과일 썩은 곳에도 잘 모여들어 '과일 파리'라고도 불렀어요.

초파리는 짝짓기를 한 후 암컷이 알을 낳아요. 알에서 깨어난 애벌레는 먹이를 먹으며 자라고, 마디를 늘였다 줄였다 하면서 기어다녀요. 자라면서 허물벗기를 하는데, 허물을 벗을 때마다 애벌레가 커져요. 허물벗기가 끝나면 번데기로 변하는데, 번데기는 물기가 없는 곳에서 먹지도 않고, 움직이지도 않아요.

번데기의 색깔을 보면, 처음에는 흰 색깔을 띠고 있다가 갈수록 갈색으로 변해요. 그리고 번데기 몸 안에서 초파리의 눈, 다리, 날개 등이 만들어져요.

그런 다음 어른벌레가 번데기 안에서 나와요. 한 마디로 말해 초파리는 '알→애벌레→번데기→어른벌레' 라는 한살이를 거치는 거예요.

놀라운 상식 백과

파리는 왜 앞발을 싹싹 비비는 걸까요?

파리의 발 끝에는 끈끈한 액과 냄새를 맡는 털이 나 있어요. 그런데 발 끝에 먼지가 묻어 있으면 앉아 있을 수도 없고, 냄새도 맡지 못해요. 그래서 다리를 싹싹 비벼 먼지를 털어 내는 거예요.

호랑나비들은 왜 땅에 고인 물을 먹는 걸까요?

호랑나비가 땅에 고인 물을 먹는 것은 나트륨을 흡수하기 위해서예요. 이 때 물웅덩이에 모이는 것은 모두 수컷이지요. 호랑나비 수컷들은 짝짓기를 할 때 나트륨을 많이 소모하기 때문에 물이 증발하면서 농도가 짙어진 웅덩이에서 나트륨을 보충하는 거예요.

잠자리는 대식가?

잠자리는 멸구, 하루살이, 모기 등과 같은 해충을 잡아먹고 살아요. 몸집이 별로 크지도 않으면서 대식가로 알려져 있지요. 잠자리 한 마리가 1시간에 무려 800여 마리의 모기를 잡아먹는다지 뭐예요. 이 정도면 대식가라고 할 만하죠?

🍓 흙을 나르는 물

우리 마을에 닥친 불행

나는 산으로 둘러싸인 시골 마을에 살고 있습니다.

요즘 우리 마을은 달라지기 시작했습니다. 도시에 가서 부자가 되어 돌아온 김씨 아저씨 때문입니다. 김씨 아저씨가 마을을 개발하자고 의견을 내놓자 마을 사람들이 두 편으로 갈라졌습니다.

"돈은 제가 댈 테니 마을을 관광지로 개발합시다."

"관광지는 무슨……. 송충이는 솔잎을 먹어야 하고, 농사꾼은 농사를 지으며 살아야 하는 법이지."

이장 아저씨가 걱정스럽게 말했습니다.

"요즘 농사지어서 몇 푼이나 벌겠어요?"

"맞는 말이지요. 일 년 내내 피땀 흘려 농사지어 가지

고 빚 갚느라 정신이 없어요. 그러지 말고 김씨 말대로 관광지 개발을 해서 관광 수입으로 먹고 삽시다."

장씨 아저씨가 나섰습니다. 그러자 다시 김씨 아저씨가 솔깃한 제안을 했습니다.

"마을 개발에 앞서 도로 포장부터 합시다."

마을 사람들은 도로 닦는 일에는 모두 찬성이었습니다. 바람이 불면 흙먼지가 날리고, 비가 오면 진흙 때문에 고생이 많았거든요.

그 날부터 어른들은 도로 포장에 온 힘을 기울였습니다. 김씨 아저씨는 약속대로 돈을 댔습니다.

몇 달 뒤 우리 마을엔 커다란 아스팔트 도로가 생겼습니다. 근사한 포장 도로를 보자 마을 개발을 반대하던 사람들이 김씨 아저씨의 의견에 따르기로 했습니다.

우리 동네에 골프장을 짓기로 한 것입니다.

골프장을 지으려면 먼저 산을 깎아야 한다고 했습니다. 나와 친구들은 많이 아쉬웠습니다.

산은 우리에게 둘도 없는 친구였거든요. 하지만 어른들이 결정한 일이니 어쩔 수 없었지요.

그 때부터 우리 마을엔 굴착기 소리가 그치질 않았습니다. 공사가 진행될수록 산 모양이 흉하게 변했습니다.

산허리가 잘린 채 민둥산이 된 것입니다.

그렇게 공사를 시작한 지 3개월쯤 되자 장마철이 돌아왔습니다. 장마철이 되면 마을 사람들은 논두렁 다지는 일로 밤낮없이 바빴습니다.

장대비가 일 주일 동안 쉬지 않고 내리던 어느 날, 마을 사람들이 회관에 모여 회의를 열었습니다.

"비가 계속 내리면 산이 무너질지도 몰라……."

이장 아저씨가 걱정스럽게 입을 열었습니다.

"산사태가 나면 큰일이지요. 산 밑에 있는 집들이랑 논밭이 모두 엉망이 될 테니까요."

"우리 논은 빗물에 쓸려 내려오는 흙 때문에 엉망이 되었구먼. 개발을 한답시고 산을 마구잡이로 깎아 놓기만 했지 대책이 없으니……."

마을 사람들이 한숨을 내쉬며 걱정했습니다.

큰비가 며칠 간격으로 계속 내리자 결국 민둥산이 무너져 내렸습니다. 산사태로 인한 피해는 무척 컸습니다. 집이 무너졌는가 하면 상처를 입어 병원에 입원한 사람도 있었습니다. 게다가 냇물까지 불어나 마을은 엉망이 되었습니다.

마을 사람들은 다시 모여 의논을 했습니다.

"처음부터 마을 개발을 하는 게 아닌데."
"공사만 다 끝나면 괜찮을 겁니다."
김씨 아저씨는 계속 사람들을 설득했습니다.
"보세요. 아스팔트 도로는 큰비에도 끄떡없잖아요. 도로 포장을 안 했으면 더 큰 피해를 입었을 거라고요."
듣고 보니 그런 것도 같았습니다. 아스팔트 도로는 땅에 빗물이 직접 스며들지 않아 땅 속의 흙이 깎이지 않

고 멀쩡했으니까요.

이장 아저씨가 다시 나섰습니다.

"지금의 문제는 산을 너무 많이 깎아서 생긴 것 같으니, 김씨가 피해 보상을 해 주어야겠어요. 공사를 시작하면서 이렇게 되었으니……."

"알겠습니다. 골프장 공사만 끝나면 피해 보상도 하고, 훼손된 산에 나무도 심겠습니다."

김씨 아저씨는 시원스레 약속을 했습니다.

"골프장에 있는 잔디에 농약을 많이 준다며? 그렇게 되면 우리가 먹는 물에도 문제가 많을 거야."

"피해가 없도록 하겠으니 걱정 마십시오."

이리하여 김씨 아저씨의 골프장 공사는 계속되었습니다. 1년이 넘는 공사 끝에 드디어 골프장이 완성되었습니다. 그러자 김씨 아저씨는 마을 사람들에게 했던 약속을 지키지 않았습니다. 관광지 개발뿐만 아니라 피해 보상, 농약 문제, 산사태 문제 등을 뒷전으로 했지요. 결국 마을 사람들만 피해를 입게 되었습니다.

김씨 아저씨와 마을 사람들은 크게 싸웠습니다. 그래도 김씨 아저씨는 모르는 체했습니다.

우리 마을의 불행은 더욱더 커졌습니다.

하는 수 없이 사람들은 스스로 문제 해결에 나섰습니다. 예전의 산과 들을 되찾기 위해 매년 산에 나무를 심었습니다. 그리고 관광지 개발이라는 헛된 꿈을 버리고, 예전처럼 열심히 농사를 지으며 살기로 한 것입니다.

마을 사람들이 이제라도 마을 살리는 길에 서로 힘을 모으기로 한 것은 얼마나 다행인지 모릅니다.

이젠 마을 사람들과 김씨 아저씨가 화해하는 일만 남았답니다.

궁금증 해결

흙을 보호하는 방법은 무엇일까요?

흙은 동·식물에게 없어서는 안 될 소중한 것이에요.

흙을 보호하지 않으면 산사태가 일어나요.

산에 나무가 없거나 산을 파헤쳐 공사를 할 때 큰비가 오면 산사태가 일어나지요. 산사태가 일어나면 도로가 끊기기도 하고, 집을 덮쳐 무너뜨리기도 하고, 사람이 다치기도 해요. 공사장 같은 곳은 흙이 떠내려가 무너지기도 하지요. 또한 홍수의 피해를 크게 입을 수도 있기 때문에 우리는 흙을 잘 보호해야 돼요.

흙을 보호하는 방법 중에 사방 공사라는 것이 있어요.

사방 공사란, 산에서 흙이나 모래가 씻겨 내려가지 않게 돌 등으로 축대를 쌓고 나무를 심는 것을 말해요. 사방 공사를 하면 나무를 심고 가꾸며 함부로 베지 않기 때문에 산에 있는 흙이 씻겨 내려가지 않는답니다.

이 밖에도 흙을 보호하기 위해서는 경사가 급한 곳의 논과 밭을 계단식으로 만들어 주어야 해요. 또한 흙에서 식물이 잘 자랄 수 있도록 쓰레기를 함부로 버려서도 안 되지요. 어쩔 수 없이 산을 깎아 공사를 하더라도 계획을 세워 환경이 파괴되지 않게 하고, 물길과 나무를 파헤치지 말아야 하며, 산불이 나지 않도록 하는 것도 흙을 보호하는 방법이랍니다.

놀라운 상식 백과

수돗물 덕분에 충치가 없다고요?

19세기 초반에 치과 의사들은 이탈리아의 나폴리에 사는 사람들이 유난히 충치가 적다는 사실을 알았어요. 그 원인을 알아보니 나폴리 지역의 물에는 충치를 방지해 주는 불소가 많이 들어 있었다고 해요. 불소는 성장 과정에 있는 치아만이 흡수하기 때문에 주로 어린이들에게 효과가 나타났지요. 그 후 많은 지역에서 먹는 수돗물에 불소를 첨가하기 시작했다고 합니다.

댐은 왜 만드는 걸까요?

댐을 만드는 이유는 여러 가지예요.

댐에 있는 발전소의 발전기로 흐르는 물의 힘을 이용해 우리가 쓰는 전기를 만들어요. 그리고 댐은 홍수를 막는 일도 해요. 산에 비가 많이 오면 그 비가 강으로 흘러, 강의 하류 지역에 홍수가 날 수 있어요. 그래서 홍수를 막기 위해 강에 댐을 세워 물을 막고 조금씩 하류로 흘려 보내지요. 또한 댐은 마실 물이나 농업에 사용되는 물을 저장하는 일도 해요. 저수지라고 부르는 댐 뒤의 호수에 물을 저장하지요. 댐의 저수지에 물을 많이 저장해 두면, 가뭄이 오래 계속될 때 물을 효과적으로 쓸 수 있어요.

2

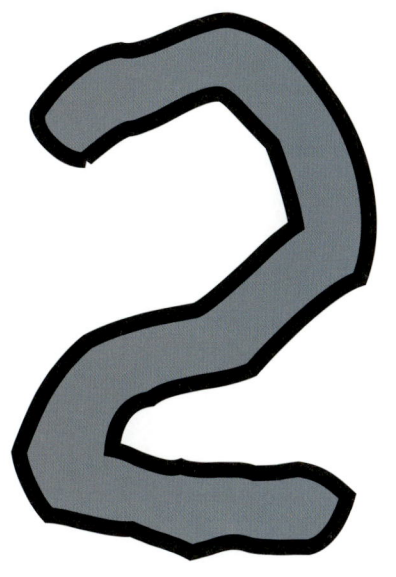

- 우리는 모두 소중해
- 선인장에게 혼난 나팔꽃
- 착한 여우의 수호 천사
- 자기 일만 모르는 선글라스 아저씨
- 빛은 부자랍니다
- 곰은 가짜 마술사
- 누가누가 빨리 녹일까?
- 연어야, 잘 가!
- 심술꾸러기 바위
- 소리의 여행
- 악기 나라 소리재기
- 못 말리는 철 깡통과 알루미늄 깡통

🍓 식물의 잎과 줄기

우리는 모두 소중해

한가로웠던 시골의 오솔길이 갑자기 떠들썩해졌습니다. 식물들이 말다툼을 시작한 것입니다. 말다툼의 시작은 패랭이꽃과 회양목 때문이었습니다. 패랭이꽃과 회양목은 평소에 자기 자랑을 잘 하기로 소문이 나 있었습니다. 이 날도 예외가 아니었지요.

먼저 패랭이꽃이 입을 열었습니다.

"애들아, 잘 잤니? 깔끔하고 단정한 나도 잘 잤단다."

"쳇! 아침부터 또 시작이군."

강아지풀이 투덜거렸습니다. 그러자 패랭이꽃이 받아쳤습니다.

"내가 깔끔하니까 샘이 나서 그러는 모양인데, 내가

깔끔하고 단정하다는 건 누가 뭐래도 변하지 않는 사실이야. 안 그러니, 회양목아?"

"그렇고말고. 너의 잎은 줄기를 사이에 두고 두 개씩 마주 본 채 가지런히 나 있잖아. 나 역시 마찬가지고."

회양목이 맞장구를 치며 은근슬쩍 자기 자랑을 했습니다.

"그럼 우리는 너희들에 비해서 깔끔하지 않고 지저분하다는 거니?"

찔레가 톡 쏘아붙였습니다.

그러자 패랭이꽃과 회양목이 마구 웃기 시작했습니다. 이 모습에 찔레는 화가 났습니다.

"도대체 왜 웃는 거야?"

"네 말이 우습잖아. 너희들은 나랑 회양목에 비해 몸이 지저분하지 않니? 줄기에 달린 잎들이 모두 제각각 나 있잖아. 눈으로 보면서도 그걸 인정하지 않겠다는 거니?"

패랭이꽃이 한껏 목소리를 높였습니다.

그러자 이번엔 회양목이 한술 더 떴습니다.

"강아지풀이랑 찔레는 잎이 줄기에 어긋나게 붙어 있

어서 좀 지저분해 보이지. 민들레나 은행나무는 어떻고. 여러 개의 잎이 뿌리나 줄기 부분에 뭉쳐서 붙어 있잖아. 정말 볼품 없다니까."

이 말에 찔레가 버럭 소리를 질렀습니다.

"듣자듣자 하니 너희들 정말 안 되겠구나. 그러니까 잎이 줄기에 어긋나게 붙어 있는 강아지풀이랑 나, 그리고 잎이 줄기나 뿌리에 뭉쳐서 붙어 있는 민들레랑 은행나무의 모습이 흉하다, 이 말이지?"

그러더니 찔레는 패랭이꽃과 회양목에게 가지를 뻗쳤습니다.

"아얏! 왜 이러는 거야?"

"왜 이러긴. 겉모습만 보고 친구를 우습게 여기는 너희들은 혼 좀 나야 돼."

찔레는 가지에 나 있는 가시로 패랭이꽃과 회양목을 마구 찔렀습니다.

"아얏! 저리 가! 가란 말이야!"

패랭이꽃과 회양목이 동시에 소리쳤습니다.

이 때 모든 것을 지켜 보고 있던 소나무 아저씨가 입을 열었습니다.

"찔레야, 그만 하렴. 화가 난다고 친구들을 마구 괴롭

히는 것도 옳은 행동은 아니지. 물론 처음 잘못은 패랭이꽃과 회양목이 했지만 말이야."
이 말에 오솔길 주위가 조용해졌습니다.
"애들아, 잘 들어 봐. 특히 패랭이꽃이랑 회양목은 귀를 쫑긋 세우고 들으렴. 우리 식물들에게는 모두 잎이 있지?"
소나무 아저씨가 묻자 모두들 고개를 끄덕였습니다.
"잎이 좁은 것도 있고, 좁지 않은 것도 있고, 가장자리가 갈라진 것도 있고, 갈라지지 않은 것도 있고, 잎이 한 장인 것도 있고, 많은 것도 있잖니. 이처럼 모든 식물은 세상을 살아 나가기 위해 갖가지 모양을 가지고 있단다. 잎이 줄기에 붙어 있는 모양이 다른 것도 모두들 나름대로 햇빛을 골고루 받기 위해서란다. 그걸 보고 누가 더 잘나고 못났다고 할 수 없지. 세상에 태어난 식물은 모두 소중한 거야. 이제 알겠니?"
"네, 아저씨."
모두 한 목소리로 대답했습니다.
"아저씨 말씀을 듣고 보니 저희가 잘못한 것 같네요."
"애들아, 미안해. 다음부터는 겉모습을 가지고 이러쿵저러쿵 말하지 않을게."

패랭이꽃이랑 회양목이 친구들에게 사과했습니다.
"우리도 미안한걸."
다른 식물들도 사과했습니다.
이렇게 해서 시골의 오솔길은 다시 조용해졌습니다. 그리고 이 날 이후 오솔길의 식물들은 서로를 아껴 주는 친한 사이가 되었답니다.

식물의 잎

식물의 잎은 잎자루, 잎맥, 잎 가장자리로 나뉘어요. 잎을 여러 가지 기준을 세워 나누어 보면 다음과 같아요.

참나리, 소나무, 전나무 등은 잎의 너비가 좁고, 동백나무, 사철나무, 목련, 무궁화, 벚나무 등은 잎의 너비가 좁지 않아요. 그리고 홍단풍, 쑥, 무궁화, 떡갈나무, 엉겅퀴 등은 잎의 가장자리가 갈라졌고, 목련, 수수꽃다리, 토끼풀, 동백나무 등은 잎의 가장자리가 갈라지지 않았어요. 또한 잎맥의 모양에 따라 나누어 보면, 벚나무, 느티나무, 목련 등은 잎맥이 그물 모양이고, 강아지풀, 옥수수, 밀 등은 잎맥이 나란한 모양을 하고 있어요.

패랭이꽃, 회양목, 개나리 등과 같이 잎 두 개가 서로 마주 보고 줄기에 나 있는 것을 마주나기라고 해요. 해바라기, 강아지풀, 갈대, 느티나무 등과 같이 잎이 줄기에 어긋나게 붙어 있는 것은 어긋나기라고 하지요. 그리고 민들레, 소나무, 은행나무 등과 같이 여러 개의 잎이 줄기나 뿌리 부분에 뭉쳐서 붙어 있는 것은 뭉쳐나기라고 한답니다.

잎차례가 어떤 모양이든 간에 식물을 위에서 아래로 내려다보면 모든 잎들이 햇빛을 골고루 받도록 배열되어 있다는 것을 알 수 있을 거예요.

놀라운 상식 백과

가을이 되면 왜 은행잎이 노랗게 변할까요?

식물의 잎이 녹색인 것은 잎에 엽록소라고 하는 녹색 색소가 들어 있기 때문이에요. 그런데 은행잎에는 노란색 색소도 함께 들어 있어요. 봄과 여름에는 엽록소가 많기 때문에 은행잎은 녹색을 띠게 되지요. 하지만 가을이 되면 엽록소가 없어져요. 그렇기 때문에 노란색 색소만 남아 노랗게 보이는 거예요. 은행잎말고도 참마, 계뇨등, 예덕나무, 백합나무, 자작나무 등이 가을에 잎이 노랗게 변해요.

바닷속에도 식물이 살까요?

바닷속에 사는 식물 중 대표적인 것이 미역과 다시마예요. 바닷속 식물은 땅 위에서 자라는 풀이나 나무와는 생김새가 달라요. 땅 위 식물처럼 뿌리, 잎, 줄기가 분명히 구분되어 있지 않지요. 그래서 잎처럼 보이는 부분을 엽상체라 하고, 뿌리처럼 보이는 부분을 헛뿌리 또는 부착근이라고 해요. 바닷속 식물은 영양분을 엽상체의 표면 전체로 흡수해요. 그리고 바닷속 식물의 뿌리는 물을 빨아올리지 않고 바위에 달라붙어서 식물이 쓰러지지 않도록 도와 주는 역할만 한답니다.

🍓 식물의 잎과 줄기

선인장에게 혼난 나팔꽃

들판에 나팔꽃이 살았어요. 나팔꽃은 매일 얼굴 꾸미는 것에만 관심이 있었지요. 나머지는 자기 힘으로 할 줄 아는 게 하나도 없었어요. 그러나 얼굴이 워낙 예쁘다 보니 곤충들이나 식물들은 나팔꽃과 얘기해 보는 게 소원이었어요.

"오늘은 어떤 곤충을 놀려 줄까?"

새벽부터 일어나 이슬로 세수를 한 나팔꽃은 생글생글 웃었어요. 분홍색 화장을 하고 한껏 멋을 냈지요.

아침이 되자 벌과 나비가 나팔꽃 주위를 맴돌았어요. 나팔꽃은 우쭐해하면서도 자기에게 관심을 보이면 누구든 이야기 상대가 되어 주곤 했어요. 나팔꽃은 하도 이

야기를 많이 해서 오후가 되자 기운이 떨어졌어요.

"어유! 이제 더 이상 서 있을 기운도 없네. 누가 날 좀 업어 줬으면 좋겠다."

나팔꽃은 벌에게 부탁을 해 보았어요. 하지만 벌은 꿀을 따러 가야 한다면서 위잉 날아갔어요. 나비도 마찬가지였지요. 실망한 나팔꽃은 잠시 생각에 잠겼어요. 그리고 한 가지 꾀를 생각해 냈어요.

"얘, 나무야 이리 좀 와 봐."

나팔꽃은 언덕에 서 있는 나무를 불렀어요. 평소에는 나무가 못생겼다며 쳐다보지도 않았는데 이번에는 먼저 말을 건 거예요.

"무슨 일인데 그러니?"

나무는 예쁜 나팔꽃이 자기를 부르는 게 너무 기뻤어요. 그래서 성큼성큼 나팔꽃에게 다가갔어요. 나팔꽃은 나무에게 말했어요.

"나무야, 우리 나팔꽃들은 나무타기 선수들이란다."

"그게 정말이니? 너처럼 예쁜 꽃들은 그냥 아무것도 안 하고 앉아 있는 줄만 알았는데. 사실 나는 운동 잘하는 미인을 무척 좋아해."

"그럼 내가 한번 보여 줄까?"

나팔꽃은 애교를 떨면서 나무의 눈치를 살폈어요.

"물론이야. 너같이 날씬한 꽃은 무겁지도 않을 거야."

나무가 허락하자 나팔꽃은 얼른 나무에 올랐어요. 그리고는 왼쪽 방향으로 쉴 새 없이 감아 올라가기 시작했어요. 나무는 기분이 좋았어요.

그런데 하루 이틀이 지나도 나팔꽃은 내려올 생각을 안 했어요. 날이 갈수록 나팔꽃의 줄기는 계속 자라났어요. 게다가 줄기 겉에는 털이 나 있어서 나무에서 미끄러지지도 않았답니다. 얼마나 단단히 감았던지 나무는 숨이 탁탁 막혀 왔어요.

"나팔꽃아, 이제 그만 내려와. 너무 감아 올라가니까 숨이 막혀 죽겠어."

나무는 컥컥거리며 헛기침을 했어요. 나무가 싫어하는 기색을 보이자 나팔꽃은 휙 토라졌어요.

"넌 무슨 애가 그렇게 기운이 없니?"

"뭐야? 너를 업고 있느라고 얼마나 힘들었는 줄 알아? 네가 이렇게 염치 없는 꽃인 줄은 정말 몰랐어."

나무는 너무 화가 나서 몸을 마구 흔들었어요. 나무가 흔들리자 나팔꽃은 어지러웠어요. 그래서 얼른 나무에서 내려왔어요. 그런데 나팔꽃은 금세 온몸에 기운이 빠

지는 것을 느꼈어요.

이번에는 양지바른 곳에 있는 선인장을 찾아갔어요.
"선인장아, 너는 정말 튼튼하게 생겼구나. 저기 언덕에 사는 나무보다 훨씬 건강해 보이는걸! 그래서 말인데 내가 너의 등 위에서 잠시 쉴 수 있을까?"

선인장은 나팔꽃의 꿍꿍이속을 금방 알아차렸어요. 사실은 나팔꽃이 나무에게 못되게 굴었던 것도 다 보고 있었거든요. 선인장은 나팔꽃을 혼내 주려고 마음먹었어요. 그래서 시치미를 딱 떼고 말했어요.

"네가 편히 쉴 수만 있다면 내가 힘든 것쯤이야 참을 수 있지! 어서 올라오렴."

나팔꽃은 헤헤거리며 나무에게 한 것처럼 선인장의 몸을 꽉 조였어요. 그런데 이게 웬일이에요? 나팔꽃은 그만 '끼약' 하고 소리를 지르고 말았어요. 선인장 가시에 그만 나팔꽃의 온몸이 콕콕 찔렸던 거예요.

"그것 봐. 너는 겉만 꾸밀 줄 알았지, 혼자 힘으로 살아갈 생각은 전혀 안 하잖아. 그러니 벌을 받을 수밖에. 게다가 나무가 너에게 얼마나 친절히 대해 줬는데, 너는 나무 욕이나 하고 다니는 거니? 얼굴이 예쁘기만 하면 뭐 해, 마음이 고와야지."

　선인장이 혹독하게 야단쳤지만 나팔꽃은 여전히 자신의 잘못을 인정하지 않았어요. 오히려 입을 삐죽거리며 투덜거릴 뿐이었지요.
　선인장은 너무 화가 나서 더 이상 참을 수가 없었어요. 그래서 나팔꽃에게 와락 달려들었어요.
　"아얏, 아야야! 알았어. 내가 잘못했다니까."
　다시 선인장에게 온몸을 찔린 나팔꽃은 그제서야 선인장에게 잘못을 빌었어요.
　선인장에게 혼난 나팔꽃은 그 후로는 너무나 부끄러운 나머지 낮에는 돌아다닐 수가 없었어요. 그래서 매일 새벽에 피었다가 저녁에 일찍 지곤 했대요.
　물론 혼자 힘으로 살아 보려고 안간힘을 썼지만 며칠을 넘기지 못했답니다. 그래서 나팔꽃은 지금도 줄기를 천천히 움직이며 기댈 곳을 찾아 여기저기 다니고 있답니다.

궁금증 해결
줄기가 하는 일은 무엇일까요?

속씨 식물의 줄기 속에는 물관과 체관, 부름켜가 있어요. 물관으로는 뿌리에서 빨아올린 물이 지나가지요. 체관으로는 잎에서 만든 양분이 필요한 곳으로 운반되고 있어요. 물관과 체관 사이에는 부름켜가 있답니다.

속씨 식물 줄기에 있는 물관, 체관, 부름켜를 통틀어 관다발이라고 불러요. 속씨 식물의 관다발은 규칙적으로 배열되어 있어요. 하지만 겉씨 식물에는 물관 대신 헛물관이 있고, 관다발이 불규칙적으로 흩어져 있어요. 이렇듯 물과 양분을 전해 주는 줄기는 식물의 길에 해당되지요.

나무는 몸통이 바로 줄기 역할을 해요. 나무를 베어 보면 나이테가 있지요. 이 나이테는 일 년에 한 개씩 생기기 때문에 나무의 나이를 알 수 있어요.

여름에는 나무의 줄기가 빨리 굵어지고 겨울에는 조금씩 굵어지면서, 빨리 자란 곳과 천천히 자란 곳 사이에 차이가 나기 때문에 나이테가 생기는 거예요. 나이테의 폭은 나무의 종류나 토양, 기온, 습도 등에 따라 달라요.

놀라운 상식 백과

꽃은 곤충을 어떻게 불러들일까요?

꽃은 자신만의 향기나 빛깔, 모양 등으로 곤충에게 신호를 보냅니다. 꿀샘 부근에서 자외선을 흡수한 다음 꽃의 다른 부분으로 반사해 꿀의 소재를 알리는 것입니다.

꽃은 혼자서는 열매를 만들지 못하기 때문이죠. 따라서 꽃은 곤충의 힘을 빌려 수정한 후에 열매를 맺으려고 곤충을 유혹합니다.

또한 꽃은 신호를 보고 찾아오는 곤충들을 위해 발판까지 마련해 놓기도 한답니다.

식물의 줄기는 모두 감아 올라갈까요?

식물의 줄기에는 곧은줄기와 기는줄기, 감는줄기가 있습니다. 곧은줄기 식물은 줄기가 곧게 뻗은 것을 말합니다.

여기에는 선인장이 있는데, 선인장은 몸통이 줄기고 가시는 잎에 속합니다. 기는줄기 식물에는 호박이 있습니다. 그리고 감는줄기 식물에는 나팔꽃, 등나무 등이 있습니다.

나팔꽃 줄기는 시계 반대 방향인 왼쪽으로 감고 올라갑니다.

반면 등나무는 시계 방향인 오른쪽으로 감고 올라갑니다.

선인장에게 혼난 나팔꽃

세상에서 가장 큰 식물

　세상에서 가장 큰 꽃은 '라플레시아 아르놀디' 라는 꽃이에요.
　이 꽃은 지름이 1미터, 꽃잎의 두께가 1.9센티미터, 한 송이의 무게가 7킬로그램이나 된답니다. 이 꽃은 얼마나 큰지 어린 아이 두 명이 넉넉히 들어갈 수 있다고 해요.
　이 꽃은 독특한 냄새를 가지고 있어요.
　마치 고기가 썩는 것처럼 지독한 냄새인데, 그 냄새는 아주 멀리까지 퍼지기 때문에 섣불리 가까이 갈 수가 없대요.
　이 꽃은 축축한 늪 지대에서나 볼 수 있어요. 따라서 늪이 없는 우리 나라에서는 볼 수 없는 거예요.
　세상에서 가장 큰 식물은 미국 캘리포니아에 있는 중국등나무입니다. 이 나무의 길이는 152미터나 되고, 무게는 228톤이나 나가지요.
　또 이 나무가 차지하는 땅의 면적은 4제곱킬로미터라고 해요.
　이 정도면 초등 학교 운동장의 열 배 정도 되는 넓이랍니다.
　사실 이 나무의 꽃은 다른 등나무의 꽃과 별 차이가 없다고 해요. 하지만 나무가 큰 만큼 꽃도 아주 많이 피는데, 자그마치 150만 송이나 된다고 해요.
　해마다 이 꽃이 피어날 때면 미국 캘리포니아에는 3만 명도 넘는 사람들이 구경을 온다고 하네요.

🍂 빛의 나아감

착한 여우의 수호 천사

난 정말 화가 난다. 모두들 나를 얕은 꾀나 부리고 거짓말이나 일삼는 얄미운 동물로 생각하기 때문이다. 하지만 사실 난 정의가 뭔지도 알고, 인정도 많은 마음씨 고운 여우란 말이다. 한 여우가 나쁜 행동을 했다고 모든 여우를 다 그렇게 여기는 것은 잘못된 일이라고 생각한다.

여우는 이렇게 일기를 쓰고 있었습니다.
―넌 절대 나쁜 동물이 아니야.―
이 때 어디선가 이런 소리가 들려 왔습니다.
"누구지?"
여우는 주위를 두리번거려 봤지만 어둠만 드리워져

있을 뿐 아무도 보이지 않았습니다.
　이 때 다시 이런 소리가 들렸습니다.
　─바로 네 눈 앞에 있어.─
　"으악!"
　여우는 자기의 눈 앞에 있는 검은 물체를 보고 소스라치게 놀랐습니다.
　"넌 누구야?"
　─난 너의 수호 천사야.─
　여우 앞의 검은 물체가 말했습니다.
　"수호 천사?"
　─그래, 늘 네 곁에서 너를 지켜 주는 천사.─
　"천사라면 하얀 옷을 입고 있어야지, 왜 저승 사자처럼 검은 옷을 입고 있어?"
　여우는 겁이 났지만 신기한 마음에 계속해서 질문을 던졌습니다.
　─난 햇빛의 다른 모습이나 같아.─
　"햇빛처럼 뜨겁지도 밝지도 않으면서?"
　여우가 귀를 쫑긋거리며 묻자, 검은 수호 천사도 여우가 하듯 귀를 쫑긋대며 대답했습니다.
　─빛은 원래 군인 아저씨처럼 앞으로 곧게 걸어가거

든. 그런데 네 몸이 그것을 가리잖아. 그래서 네 몸에 부딪친 빛이 반대 방향에 모습을 드러내는 거야. 그게 곧 나고.―

"네 말이 전부 사실이라고 해도 난 하나도 기쁘지 않은걸."

여우는 시무룩한 표정으로 말했습니다.

―그건 왜?―

"네가 있다고 해서 다른 애들이 나를 좋게 생각할 건 아니잖아?"

―아니, 네가 아름다운 마음씨를 갖고 있다는 걸 곧 알게 될 거야.―

이 때 여우의 눈에 하이에나 몇 마리가 어린 노루를 공격하려는 것이 들어왔습니다.

"저걸 어쩌지? 어린 노루가 다치게 생겼어. 나도 하이에나 패거리엔 못 당하는데……."

여우가 노루를 걱정하자 수호 천사가 빙긋 웃으며 말했습니다.

―걱정하지 마. 내게 좋은 수가 있어. 저 바위 위에 앞다리를 들고 올라서 봐.―

여우는 수호 천사가 시키는 대로 했습니다.

─그래, 잘 했어. 이제는 사자 목소리를 흉내내는 거야, 크게. 알았지?─

여우는 목소리를 가다듬고 사자 흉내를 냈습니다.

"으르릉 어~훙 으아~훙."

바위 위에 올라서서 으르릉대는 여우는 마치 화난 사자처럼 보였습니다.

"야, 저기 좀 봐. 엄청나게 큰 사자야."

"뭐? 사자는 안 보이잖아."

"이 바보야. 저 그림자를 보면 모르냐?"

"빨리 도망가자."

하이에나들은 뒤도 안 돌아보고 도망가 버렸습니다. 하이에나들이 사라진 것을 확인한 여우가 노루에게 갔습니다. 노루는 자기 앞에 여우가 나타나자 또 얼굴이 하얗게 질렸습니다.

"괜찮니? 걱정 마. 너를 도와 주러 온 거니까."

겁에 질려 있던 노루는 여우의 친절하고 따뜻한 음성을 듣고 안심을 했습니다.

"고맙습니다. 여우님."

노루는 몇 번이고 인사를 하고 그 자리를 떠났습니다.

"멍청한 하이에나 녀석들, 나는 못 보고 반대편에 있

는 너를 보고 도망가다니. 어쨌든 수호 천사 네 실력 알아 줘야겠다."
여우가 웃으며 말했습니다.
―내가 뭐래. 넌 맘씨 좋은 여우라고 했지. 난 앞으로도 늘 너와 함께 할 거야.―
"그래, 사람들이 뭐라고 해도 난 이제 화내지 않을 거야. 나 자신에게 부끄럽지 않게 살면 되니까. 그리고 너와 함께라면 뭐든 할 수 있을 것 같아."
여우는 수호 천사에게 손을 내밀었습니다. 수호 천사도 여우처럼 손을 내밀었죠. 둘의 손은 같은 쪽을 향하고 있었기 때문에 악수를 하지는 못했지만 서로의 마음만은 느낄 수 있었습니다.

궁금증 해결

그림자는 왜 생길까요?

밤이나 낮이나 나를 따라다니는 그림자. 키를 커지게도 하고 작아지게도 하는 그림자는 빛이 있는 곳이면 어디에나 있답니다.

그림자는 빛이 앞으로 나아가다가 어떤 물체를 뚫지 못할 때 그 빛을 받은 물체의 반대편에 그늘처럼 생기는 부분을 말합니다.

그림자는 빛의 방향에 따라 모양이 변하는데, 그 형태는 물체의 모양과 비슷하며 물체의 모양이나 움직임에 따라 그림자의 모양도 바뀐답니다. 햇빛으로 생기는 그림자는 해가 뜨는 아침이나 해가 지는 저녁 무렵에는 길이가 길어지고 한낮인 정오가 되면 가장 짧아집니다. 그러니까 빛과 물체 사이의 거리가 멀수록 그림자는 작아지고 빛과 물체 사이의 거리가 가까울수록 그림자가 커진다는 것이죠. 이처럼 그림자의 크기가 거리에 따라 변하는 것은 빛이 앞으로 곧게 나아가는 성질을 갖고 있기 때문입니다.

그림자의 위치는 해와 반대라고 보면 됩니다. 해는 동쪽 → 남쪽 → 서쪽으로 움직이니까 그림자의 위치는 서쪽 → 북쪽 → 동쪽으로 움직이는 것이죠.

빛이 뚫고 들어가지 못해 그림자를 만드는 물체를 불투명체라고 하고, 유리처럼 빛을 통과시키는 물체는 투명체라고 합니다. 투명체는 빛이 뚫고 들어가기 때문에 그림자가 잘 생기지 않습니다.

놀라운 상식 백과

가장 오래 된 시계는?

사람이 만든 것 중에 가장 오래 된 시계는 바로 해시계입니다. 해시계는 태양빛에 의해 생기는 물체의 그림자를 보고 시각을 재도록 만든 장치로 현재 사용되는 시계가 나타나기 전까지 널리 사용되었습니다. 기원 전 2천 년경 바빌로니아에서는 지면에 막대기를 세우고 눈금을 그은 간단한 해시계를 사용하였고, 이집트의 첨탑 오벨리스크도 해시계의 역할을 했다고 합니다. 우리 나라의 해시계로는 조선 시대 세종 때 만들어진 앙부 일구가 있습니다.

그림자 연극이란?

가장 오래 된 인형극을 뽑으라면 뭐라고 대답해야 할까요? 그것은 아마도 그림자 연극일 것입니다. 그림자 연극은 가죽 같은 불투명한 재료로 만든 인형 앞에 무명이나 비단 등으로 얇은 막을 치고 인형 뒤에서 빛을 비추어 연출하는 것입니다. 막에 나타나는 그림자가 곧 배우의 연기나 같은 것이죠. 관객들은 막 앞에 앉아서 그림자가 배우들인 인형극을 구경하는 것입니다.

물론 다른 연극에서처럼 대사, 노래, 음악도 곁들여 있어 지루하지 않게 이어진답니다.

씽크탱크

요술 거울로 보면 왜 이상하게 보일까요?

찬식이네 누나는 틈만 나면 거울을 본답니다.
"어머, 어쩜 이렇게 예쁠 수가! 내가 봐도 놀랄 지경이라니까."
멍돌이의 이를 닦아 주던 찬식이는 쯧쯧 혀를 찼습니다.
"하여튼, 공주병에는 약도 없다니까."
누나는 찬식이의 말에는 아랑곳없이 우쭐해 있었어요.
"예쁜 사람들은 다 시기와 질투를 받게 돼 있으니까, 뭐."
찬식이는 그런 누나를 놀려 주기로 마음먹었죠.
다음 날 아침, 잠에서 깬 누나에게 찬식이는 거울을 주었습니다.
"누나, 좋아하는 거울 여기 있어."
그런데 이게 웬일이죠? 거울을 본 누나가 '꽥' 하고 소리를 질렀어요.
"너, 밤새 내 얼굴을 왜 이렇게 이상하게 만들어 놨어? 내가 예쁜 게 질투나서 그런 거지. 으앙, 난 어떡해."
찬식이는 누나에게 엉덩이를 맞으면서도 속으로 웃었어요.
사실 찬식이가 누나에게 준 거울은 요술 거울이었거든요.
누나는 요술 거울을 통해 보면 사람이 엿가락처럼 늘어나 보이거나 또는 찌그러져 보이는 것을 몰랐나 봐요.
요술 거울은 볼록 거울과 오목 거울을 함께 이용한 거울인데 거울의 표면 상태에 따라 빛의 반사각이 달라져 이상한 모양으로 보인답니다.

🍃 빛의 나아감

자기 일만 모르는 선글라스 아저씨

밤이 이슥해졌습니다. 가족들은 모두 잠이 들었습니다. 오늘 하루 많은 것들을 보고 와서 할 이야기가 많은 안경들만이 눈을 초롱초롱 뜨고 있었습니다.

"오늘 동물원 구경 재밌었지?"

"예. 그림책에서만 봤던 동물들을 직접 보니 정말 신기하던걸요."

할머니안경과 손자안경은 오늘 처음으로 동물원에 다녀온 것입니다.

"할머니는 어떤 동물이 제일 기억에 남으세요?"

"그야 코끼리지."

"맞아요. 코끼리 코 참 길죠!"

"길긴 뭐, 두껍긴 하더라만……."
"어, 이상하다. 코끼리 코는 긴데……."
손자안경은 고개를 갸웃거렸습니다.
"너는 어떤 동물이 제일 귀엽더냐?"
"전 다람쥐요. 그 동그스름한 꼬리가 귀여워요."
"그래, 헌데, 다람쥐 눈이 참 크더구나."
"옛? 다람쥐 눈이요?"
"그래, 나를 보고 눈짓이라도 하는 것 같았다니까."
"어, 정말 이상하다. 다람쥐 눈은 작은데……."
이것뿐만이 아니었어요.

손자안경은 기린 키가 작다고 하는데 할머니안경은 크다고 하고, 손자안경은 딱따구리의 얼굴이 자신의 주먹만하다고 하는데, 할머니안경은 호떡만하다고 하는 것이었어요.

"이게 다 웬일이냐? 같은 동물원에서 같은 동물들을 보고 왔는데 왜 이렇게 얘기가 다르단 말이냐?"
"글쎄 말이에요. 할머니가 잘못 보신 거 아니에요?"
"예끼, 이 녀석. 내가 아무리 늙었기로 그런 거 하나

제대로 못 볼 것 같으냐?"
"아니, 그런 게 아니라……."
이 때 옆에서 부스럭거리는 소리가 났어요.
"아함, 졸린데 시끄럽게 구는 게 누구야?"
책상머리에서 쿨쿨 자고 있던 선글라스 아저씨가 잠이 덜 깬 목소리로 말했어요.
"나다, 어른한테 그게 무슨 말 버릇이냐?"
"어, 할머니안경이셨네요? 죄송해요. 전 손자안경이 그러는 줄 알고……."
선글라스 아저씨는 부석부석한 얼굴로 머리를 긁적이며 말했어요.
"근데 무슨 일로 그러세요?"
손자안경이 이유를 말해 주었죠. 그랬더니 선글라스 아저씨가 큰 소리로 웃는 것이 아니겠어요?
"하하하. 그것 때문에 그러셨군요? 제가 왜 둘이 본 것이 다른지 그 이유를 말씀드릴게요."
선글라스 아저씨는 차근차근 설명을 시작했어요.
"할머니안경과 손자안경이 조금 다르게 생긴 건 알고 계시죠? 그러니까 할머니안경은 가운데가 밖으로 볼록 튀어 나오셨고, 손자안경은 가운데가 안으로 오목

하게 들어갔잖아요."
"그거야, 그렇지. 그래도 얘는 내 친손자인걸?"
할머니는 잘 이해가 안 되는지 고개를 갸우뚱하며 다시 물었습니다.
"물론 그렇죠. 하지만 사람들도 그렇잖아요. 같은 식구라도 모습도 다르고 성격도 다른 경우가 많은 것처럼 할머니안경과 손자안경도 모습뿐 아니라 성격도 많이 달라요."
"어떻게 다른데요?"
이번에는 손자안경이 물었습니다.
"그러니까 할머니안경은 물체가 실제보다 크게 보이고 손자안경은 작게 보이지. 사람들은 그것을 볼록 렌즈, 오목 렌즈라고 부른단다. 볼록 렌즈는 빛을 한 곳으로 모으고, 오목 렌즈는 빛을 여러 곳으로 분산시키거든. 그래서 할머니안경과 같은 돋보기는 볼록 렌즈로 만들고 손자안경 같은 보통 안경은 오목 렌즈를 쓰는 거란다."
"그래서 우리가 본 동물들 크기가 서로 달랐던 게로구

먼."

할머니안경과 손자안경은 그제서야 알겠다는 듯 고개를 끄덕였습니다.

이 때 선글라스 아저씨가 다시 말했습니다.

"근데 말야, 나도 궁금한 게 하나 있어."

"뭔데요?"

손자안경이 물었죠.

"오늘 동물원에서 본 흰곰 말야. 색이 거무튀튀하던데 왜 이름을 흰곰이라고 붙였지?"

선글라스 아저씨의 질문에 이번에는 할머니안경과 손자안경이 더 크게 웃었습니다.

"왜 웃는 거야?"

"그건 아저씨가 검은 선글라스니까 그렇죠."

"어, 그런가?"

손자안경의 말에 선글라스 아저씨는 머리를 긁적였습니다.

할머니안경과 손자안경 그리고 선글라스 아저씨의 웃음소리가 한밤중 방 안을 가득 메웠습니다.

궁금증 해결

왜 안경은 오목 렌즈로 만들까요?

렌즈는 빛을 한 곳으로 모으거나 분산시키기 위해서 유리나 플라스틱 같은 투명한 물체를 갈아서 만든 것이에요. 안경의 렌즈는 크게 오목 렌즈와 볼록 렌즈로 나눌 수 있어요. 볼록 렌즈는 가운데가 두껍고 가장자리로 갈수록 얇아지는 렌즈이고, 오목 렌즈는 가운데가 얇고 가장자리로 갈수록 점점 두꺼워지는 렌즈예요.

볼록 렌즈로 가까이 있는 물체를 보면 크고 바르게 보이죠. 하지만 아주 멀리 떨어져 있는 물체를 보면 반대로 작게 보입니다. 또 오목 렌즈로 물체를 보면 항상 실물보다 작고 바르게 보인답니다. 이처럼 렌즈를 통해 볼 때 물체의 크기가 다르게 보이는 것은 빛이 휘어지는 굴절 현상 때문이에요.

대부분의 학생들은 가까운 데 있는 것은 잘 보이지만 먼 곳에 있는 것이 보이지 않는 근시이기 때문에 오목 렌즈를 사용한 안경을 씁니다. 하지만 노인들은 반대로 가까운 데 있는 것이 잘 보이지 않는 원시이기 때문에 볼록 렌즈를 사용한 안경을 씁니다.

렌즈와 마찬가지 이치로 오목 거울과 볼록 거울도 사용됩니다. 우리가 매일 보는 거울은 평면 거울, 치과 의사 선생님이 입 안을 비춰 보는 거울은 오목 거울, 자동차의 백 미러는 볼록 거울을 사용합니다.

놀라운 상식 백과

사람의 눈은 왜 두 개일까요?

한쪽 눈만 있어도 물체의 색깔이나 생김새는 가려 낼 수 있어요. 하지만 물건의 멀고 가까움을 알 수 있는 원근감은 제대로 알 수 없습니다. 두 눈을 통해 봐야 튀어 나온 부분과 들어간 부분을 구별해서 입체적으로 볼 수 있답니다.

가장 큰 천체 망원경의 크기는?

세계 최초의 망원경은 1608년 네덜란드의 리페르스헤이가 만든 망원경입니다. 그 후 갈릴레이가 천체를 관측하기 위해 좀더 성능이 뛰어난 망원경을 만들기 시작했죠.

그 후 망원경도 여러 가지로 개발되었는데 천체 망원경 역시 그 중 하나입니다. 천체 망원경은 별이나 우주를 관측할 때 사용하는 것입니다. 이 망원경이 설치된 천문대의 망원경은 대개 오목 거울을 사용한 광학 망원경이랍니다.

우리 나라에서 가장 큰 망원경은 경북 보현산 천문대에 있는 것으로 지름이 1.8m래요. 세계에서 가장 큰 망원경은 하와이에 있는데 지름이 약 10m나 되고 사람의 눈보다 200만 배나 뛰어나다고 합니다.

🍃 빛의 나아감

빛은 부자랍니다

"야, 쟤 또 왔다."
흙과 꽃들이 함께 놀고 있다가 수군댔습니다.
"나도 같이 놀자."
빛은 친구들 사이로 끼여들며 말했습니다.
"우리 지금 숨바꼭질하려고 하는데 너 할 수 있어?"

흙이 묻자 빛은 시무룩해지고 말았습니다.
"제자리에 앉아서 하는 놀이라면 나도 같이 할 수 있을 거야. 구구단 외우기 같은 거."
"우린 그런 시시한 놀이는 하기 싫어."
흙이 얼굴을 찌푸리며 말했습니다.
"그래, 알았어. 난 그냥 너희들 노는 거 구경하고 있을게."
빛은 공원 의자에 앉아 친구들이 노는 모습을 물끄러미 바라보고만 있었습니다.
"좀 미안하긴 하다."
친구들과 어울려 놀던 꽃이 말했습니다.
"하지만 어떡해. 보여야 놀아 주지. 쟤가 보일 때쯤엔 집에 가야 하잖아. 그렇게 밤늦게 놀다간 엄마한테 혼난단 말야."
"그래, 맞아. 그래도 빛은 좀 나은 거야. 저녁 무렵엔 붉은색으로라도 보이니 말이야. 공기 같은 애들은 아예 얼굴도 볼 수 없잖아."
친구들이 하는 말을 들으며 빛은 슬픔에 잠겼습니다. 왜 자신은 흙이나 꽃, 나무처럼 색깔을 갖고 태어나지

못한 것일까, 부모님이 원망스러웠습니다.
 집으로 돌아온 빛은 엄마에게 물었습니다.
 "엄마, 전 왜 색을 갖지 못하는 거죠?"
 "네게 색이 없다니 그게 무슨 소리니?"
 엄마가 차분한 목소리로 빛에게 물었어요.
 "저녁 무렵 잠깐 색을 가질 수 있는 게 전부잖아요. 예쁜 색이 아니어도 좋으니까 하루 종일 색을 띠고 있었으면 좋겠어요."
 "왜 그런 생각을 하게 됐니?"
 엄마는 빙그레 웃으며 다시 물었습니다.
 "아무 색도 없다고 친구들이 놀아 주질 않아요. 제가 웃는지 우는지 다른 친구들은 모른단 말이에요. 아무도 저를 친구로 인정해 주지 않아요."
 엄마는 빛의 눈물을 닦아 주며 말했습니다.
 "아니란다, 애야. 사실 넌 누구보다도 아름다운 색을 갖고 있어. 그건 한 가지 색깔만이 아니란다. 사람들에게 희망을 주는 그런 색이야."
 "그럼 왜 눈에는 보이질 않는 거예요?"
 "그 빛깔은 평소엔 보이지 않고 비가 오는 날에만 보인단다. 그래서 더 아름다운 것인지도 몰라."

하지만 빛은 엄마의 말을 믿지 않았어요.

'나를 위로하려고 그러시는 걸 거야.'

빛은 다음 날도 밖에 나가 친구들이 노는 것을 지켜보고 있었습니다. 사람들도 공원에 나와 햇볕을 쬐며 이야기를 나누고 있었죠.

"참 그 햇볕 한번 따사롭구먼."

"그래, 이렇게 햇볕을 받고 앉아 있으면 솔솔 졸음이 오는 게 이처럼 행복할 때가 없다니까."

빛은 사람들이 나누는 얘기를 들으며 생각했습니다.

'나는 사람들에게 따뜻함을 주는구나. 그래, 기운을 내자.'

빛은 더 이상 자신에게 색이 없는 것을 불평하지 않기로 마음먹었습니다.

그런데 갑자기 먹구름이 몰려오더니 소나기가 쏟아지기 시작했습니다. 사람들도 비를 피해 모두 흩어지고 공원에서 놀던 친구들도 모두 제자리로 돌아갔습니다. 빛도 잠시 쉬고 있었죠.

한동안 굵은 빗줄기가 내리치더니 점차 날이 개기 시작했습니다.

비가 그치자 빛은 구름 밖으로 고개를 쏘옥 내밀었습

니다. 비 온 뒤의 하늘은 더 곱고 아름다웠습니다.

'세상이 참 맑아졌구나.'

빛이 이런 생각을 하고 있을 때였습니다.

"얘들아, 저걸 좀 봐."

누군가의 소리에 모두들 하늘을 올려다보았습니다.

하늘에는 빨강, 주황, 노랑, 초록, 파랑, 남색, 보라색이 어우러진 무지개가 둥그렇게 떠 있었습니다.

"와, 정말 예쁘다."

"난 저렇게 아름다운 색은 처음이야."

모두들 무지개를 보고 감탄을 했습니다.

"저건 대체 어디서 온 거지?"

빛도 입을 떡 벌리고 무지개를 보고 있었습니다. 그런데 가만히 보니 놀랍게도 무지개는 자신에게서 나간 빛이 공기중의 작은 물방울에 비쳐 생긴 것이었습니다.

　빛은 놀랍기도 하고 이상하기도 해서 입만 떡 벌리고 있었습니다. 그 때 문득 얼마 전 엄마가 했던 얘기가 떠올랐습니다.
　'그랬구나. 저것이 내게서 나온 색이었구나.'
　빛은 사람들이 무지개를 보며 기뻐하고 희망을 품는 모습을 보았습니다.
　그 때 멀리서 엄마의 음성이 들려 왔습니다.
　"빛아, 너는 원래 빨강, 주황, 노랑, 초록, 파랑 등 여러 가지 색을 모두 가지고 있단다. 그런데 이 색깔의 빛을 모두 합하면 흰색에 가까운 무색이 되고 말지. 그래서 너는 색을 갖지 못한 것처럼 보일 뿐이야. 그러니까 사실 너는 이 세상에서 누구보다도 많은 색을 가진 색의 부자란다."
　"네, 엄마. 제가 가진 이 빛을 많은 사람들에게 나누어 줄게요."
　빛은 그 날 이후로는 속상해하거나 슬퍼하지 않았답니다.

궁금증 해결

빛은 아무 색이 없는데 프리즘을 통과하면 왜 일곱 가지 색깔이 될까요?

무지개의 색은 참 아름답죠? 이 무지개가 사실은 햇빛의 또 다른 색깔이랍니다. 원래 햇빛은 여러 가지 색의 다발로 이루어져 있어요. 그러나 우리들의 눈에는 무색으로 보이죠.

이 햇빛이 물방울에 비치면 휘어져 나오는데 빛깔에 따라서 나오는 각도가 달라요. 그래서 빨, 주, 노, 초, 파, 남, 보의 순으로 층층이 나타나는 거예요. 이렇게 빛이 굴절되어 층층이 나타나는 것을 스펙트럼이라고 합니다.

빛을 굴절시키는 유리가 있는데 그것을 프리즘이라고 합니다. 무지개가 생길 때는 물방울이 빛을 굴절시키는 프리즘 역할을 하는 거죠. 비가 그친 뒤에는 공기중에 수많은 물방울 입자들이 떠 있게 돼요. 햇빛이 이 물방울들에 굴절되면서 하늘에 무지개가 생기는 거랍니다. 소나기가 내린 뒤에 무지개가 더 잘 보이는 것도 같은 이치예요. 소나기는 햇빛이 쨍쨍 내리쬐다가 갑자기 내리곤 하는데 비가 그친 뒤에는 다른 때보다 공기중에 물방울 입자가 훨씬 더 많이 떠 있게 된답니다.

또 비가 그친 다음에 다시 햇빛이 쨍쨍 비치기 때문에 무지개가 더 또렷하게 잘 보이는 것이죠.

놀라운 상식 백과

빛깔은 왜 각각 다르게 보일까요?

우리가 물체를 볼 수 있는 것은 물체에서 반사된 빛이 눈에 비치기 때문이에요. 어둠 속에서 물체를 볼 수 없는 것도 그와 같은 이치죠.

그렇다면 물체의 빛깔이 제각각 다른 것은 무엇 때문일까요? 그것은 각각의 물체마다 반사하거나 흡수하는 빛깔이 서로 다르기 때문입니다.

예를 들어 검은 옷이 검게 보이는 것은 백색광의 모든 빛깔을 흡수하기 때문이고, 파란 옷이 파랗게 보이는 것은 파란 빛만 반사하고 나머지 빛들은 흡수해 버리기 때문이랍니다.

사람의 눈은 몇 가지 색을 구분할 수 있을까요?

사람이 밝은 빛 아래서 구분해 낼 수 있는 색은 무려 1천만 가지나 된다고 합니다. 최첨단 기계라고 해도 인간의 눈만큼 많은 색깔을 구별해 내지는 못한다고 하니 인간의 눈이 얼마나 뛰어난 기능을 갖고 있는가를 알 수 있죠. 또 색을 구별하는 능력은 남자보다 여자가 더 뛰어나다고 합니다.

세계에서 가장 넓은 사막

찬식이는 꿈에도 그리던 사막에 왔답니다. 그것도 세계에서 제일 크다는 북아프리카의 사하라 사막이에요. 사하라 사막은 면적이 750만 km²(우리 나라의 약 34배)이고, 동서의 거리는 5,600km(서울과 부산 간의 약 13배)가 되는 어마어마한 사막이거든요.

"이야, 정말 뜨겁고 가도가도 끝이 없구나."

사막의 한낮은 49℃까지 올라가서 아무 생각 없이 모래를 만졌다간 큰일날 수도 있대요.

찬식이는 강아지처럼 혀를 내밀고 힘들어하다가 생각했어요.

"이 정도로 뜨거운 볕이라면……그래, 프라이팬에 날계란을 깨뜨려 놓고 기다리다 보면, 맛있는 계란 프라이가 되겠지?"

찬식이는 더위를 꾹 참고 앉아 날계란이 계란 프라이가 되기를 기다리고 있었어요. 하지만 시간이 지나도 계란은 프라이가 될 생각을 안 하는 거예요. 소금까지 뿌리며 애써 봤지만 찬식이의 오늘 실험은 실패로 끝나고 말았답니다.

'에이, 사막의 열기도 계란 프라이를 만들지는 못하는구나.'

찬식이는 못내 실망한 얼굴이에요.

그런데 찬식이가 몰랐던 것이 하나 있어요. 그것은 모래 속에 계란을 파묻으면 먹기 좋게 익는다는 것 말예요. 만약 찬식이가 계란 프라이를 만들려고 하지 않고, 찐계란을 만들어 먹으려고 했다면 맛있는 계란 요리를 먹을 수 있었을 거예요.

● 지구와 달

곰은 가짜 마술사

　겨울이 다가오고 있었어요. 게으른 곰 한 마리가 겨울잠 잘 만한 곳을 찾아 이리저리 헤맸어요. 그러다가 땅속 두더지 마을을 발견했어요.

　'헤헤. 두더지들에게 신세 좀 져야겠다. 그러면 힘들여 땅굴을 파지 않고도 추운 겨울을 날 수 있겠지.'

　게으른 곰은 두더지들에게 부탁했어요. 하지만 두더지들은 거절했어요.

　"나를 여기에 머물게 해 주면 달 마술을 보여 줄게. 나는 날마다 달 모양을 바꿀 수 있단다. 이제껏 밤하늘의 달 모양을 바꿔 놓았던 게 바로 나였어."

　곰이 거짓말을 했어요. 두더지들은 곰에게 깜박 속아

넘어갔어요.

"애들아, 3일 후에 내가 손톱만한 달을 보여 줄게."

3일째 되는 날, 곰은 땅 속에서 주문을 외웠어요.

"수리수리 마하 수리, 초승달 나와라, 얍!"

그리고는 두더지들을 데리고 땅 밖으로 나갔어요.

"어머나? 정말로 달이 손톱만해졌어."

"이 정도 가지고 놀라긴. 내가 4일 후에 반달을 보여 줄게. 반달은 상현달이라고도 하지."

곰이 큰소리를 떵떵 쳤어요.

"지금 보여 주면 안 되니?"

"아, 안 돼. 달 마술을 보여 주려면 며칠 동안 힘을 모아야 하거든."

곰이 얼버무렸어요.

곰이 땅 속 마을에 온 지 일 주일째 되는 날이었어요.

"내가 주문을 외우는 동안 모두 눈을 감고 기도를 드리렴. 너희들이 도와 주어야 내가 달을 부르는 힘도 더 커진단다."

곰은 또 주문을 외웠어요.

"수리수리 마하 수리, 반달 나와라, 얍!"

곰의 주문이 끝나기가 무섭게 두더지들은 밖으로 나

갔어요. 밤하늘에는 정말로 반달이 떠 있었어요.
두더지들은 너무너무 신기했어요. 그래서 마술사 곰에게 더욱더 잘 대해 주었어요.
곰이 땅 속 마을에 온 지 15일째 되는 날이었어요.
"애들아, 오늘은 쟁반같이 둥글고 커다란 달을 보게 될 거야. 수리수리 마하 수리, 보름달 나와라, 얍!"
정말로 밤하늘에는 둥근 달이 떠 있었어요.
"곰은 정말 훌륭한 마술사인 것 같아!"
두더지들은 연거푸 감탄했어요.
한 달이 지나는 동안 곰은 두더지들에게 하현달도 보여 주고, 그믐달도 보여 주었어요. 두더지들은 곰의 마술에 푹 빠져 버렸지요. 그렇게 한 달하고 15일째 되던 날 밤이었어요. 이 날도 곰은 밖으로 나와 두더지들에게 보름달을 보여 주고 있었어요.
"곰아, 날마다 보름달 마술을 보여 줄 수는 없니?"
"그럴 순 없어. 보름달을 부르려면 엄청난 힘과 노력이 필요하거든. 보름달 마술은 굉장히 힘든 거야."
이 때 지나가던 여우가 깔깔 웃었어요.
"하하하! 말도 안 되는 소리! 곰은 거짓말쟁이야."
이 말을 들은 두더지들이 여우를 나무랐어요.

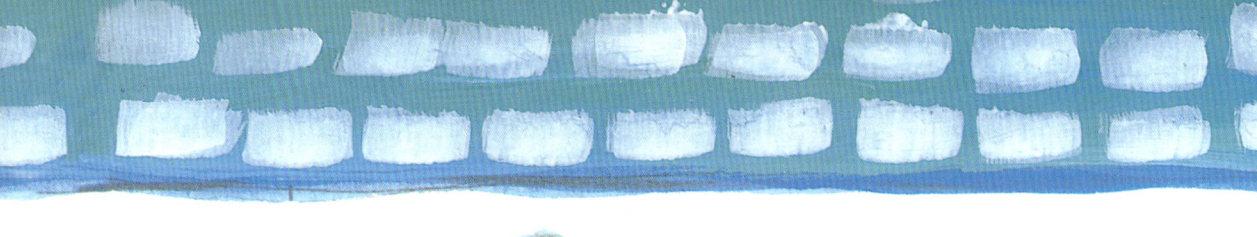

 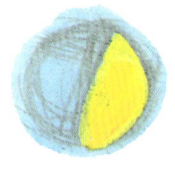 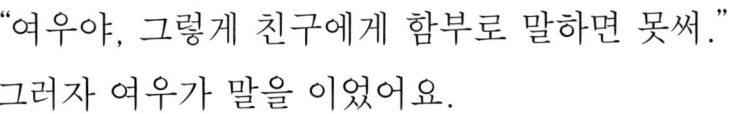

"여우야, 그렇게 친구에게 함부로 말하면 못써."
그러자 여우가 말을 이었어요.
"이 바보들아, 저 달은 자연 현상에 의해서 모양이 바뀌는 거야. 곰이 마술을 부린 게 아니라고. 달은 우리가 살고 있는 지구 주위를 한 바퀴 공전하는 동안 꼭 한 바퀴 자전하는데, 달의 위치와 모양이 변하는 것은 바로 그 때문이야. 너희들이 곰에게 속은 거라고."
"그, 그게 정말이니?"
두더지들이 일제히 곰을 쳐다보았어요.
"으응, 그게 말이야… 사실은 겨울잠을 잘 만한 곳을 찾으려다가 그만 이렇게까지 되었구나."

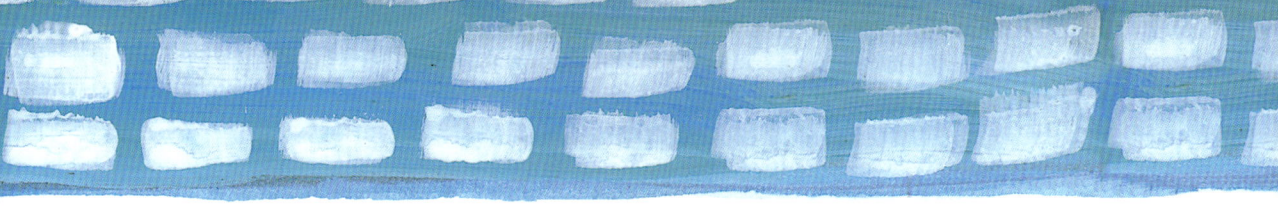

"뭐야? 그럼 너는 가짜 마술사였단 말이니?"
화가 난 두더지들은 곰을 땅 속 마을에서 쫓아 내고 말았어요.
땅 바깥은 무척 추웠어요.
그 동안 겨울이 와 있었거든요.
"아이, 추워! 이럴 줄 알았으면 힘이 들더라도 진작 땅굴을 파 두는 건데."
그제야 곰은 게으름 피웠던 것을 후회했어요.
결국 곰은 꽁꽁 언 땅을 파느라 고생을 했답니다.

궁금증 해결
달에서 지구를 보면 어떤 모습일까요?

달은 지구에서 가장 가까운 별이에요. 또한 달은 지구를 도는 유일한 위성이기도 해요. 달은 스스로 빛을 내지 못하고 태양 광선을 받아 빛나요. 그래서 태양·지구·달의 위치에 따라 달의 모습이 바뀌는 거예요.

예를 들어 지구─달─태양이라는 순서로 놓이면, 지구에서 볼 때 달은 뒷면만 햇빛을 받기 때문에 잘 보이지 않아요. 하지만 태양─지구─달이라는 순서로 놓이면, 햇빛을 받는 부분이 모두 보여 보름달이 되지요.

그런데 달에서 지구를 바라보면 지구는 어떤 모습일까요?

달에서 지구를 바라보면 여러 가지 신비스러운 게 많다고 해요. 우선 지구에서 본 달의 크기보다 달에서 지구를 본 크기가 네 배나 크게 보인대요. 또한 태양을 비롯한 별들은 동쪽에서 떠서 서쪽으로 움직이는데, 지구는 가만히 서 있는 것처럼 보인다고 해요. 다만 태양이 움직이면서 지구의 모양을 초승달이나 보름달 모양으로 바꾸는 것처럼 보이지요.

그리고 달에서 보면 푸른색을 띠는 지구가 무척 아름답다고 해요. 이것은 지구가 자전할 때마다 바다, 육지, 구름의 모습이 자주 변하기 때문이래요.

놀라운 상식 백과

달 표면에 뚫린 구멍의 정체

망원경을 통해 자세히 보면 달 표면은 온통 상처투성이예요. 달 표면에 크고 작은 구멍이 뚫려 있기 때문이지요. 그런 구멍을 과학자들은 '크레이터'라고 불러요. 크레이터는 화산이 터지면서 생긴 흔적도 있지만 대부분은 운석이 달 표면에 떨어져 충돌한 흔적이에요. 그 가운데 가장 큰 것은 '프톨레마이오스' 구멍인데, 지름이 무려 144km나 된다고 해요.

달에 가면 정말로 몸무게가 줄어들까요?

우주의 모든 물체는 서로 끌어당기고 있어요. 그것을 중력이라고 하지요. 중력은 물체가 클수록 당기는 힘이 세요.

지구와 사람 사이에도 중력이 작용하는데, 지구가 사람보다 훨씬 크기 때문에 지구가 사람을 끌어당기고 있는 거예요.

달 역시 지구보다 작고 무게도 덜 나가요. 그래서 지구보다 끌어당기는 힘이 약하답니다. 따라서 지구에서 몸무게가 60kg인 사람이 달에 가면 겨우 10kg밖에 안 돼요. 또한 달에서는 지구에서보다 6배나 높이 뛰어오를 수 있어요. 달이 당기는 힘이 지구의 6분의 1밖에 되지 않기 때문이에요.

● 여러 가지 가루 녹이기

누가누가 빨리 녹일까?

우리 반은 내일 '각설탕 빨리 녹이기 경기'를 하기로 했습니다.

담임 선생님이 모둠을 정해 주셨습니다.

나는 보라, 진호, 영훈이와 모둠이 되었습니다.

"내일 경기에서 이기면 근사한 상을 줄 거예요."

근사한 상이 뭘까?

아이들은 모두 기대에 부풀었습니다. 그래서 수업이 끝난 뒤에 남아서 의논을 했지요. 하지만 호철이네 모둠은 준비를 하지 않았습니다.

"그깟 각설탕 녹이기야 식은 죽 먹기지."

호철이가 큰소리를 쳤습니다.

"맞아. 우리는 준비 같은 거 하지 말고 집에나 가자."

주호가 맞장구를 쳤습니다. 결국 호철이네 모둠원은 아무 준비도 하지 않고 모두 집으로 돌아갔습니다.

호철이네 모둠만 빼고 다른 모둠은 모두 남아서 내일 경기를 준비했습니다. 우리 모둠도 뒤질세라 열심히 궁리했습니다. 과학책과 실험 관찰 책, 그리고 여러 가지 자료까지 동원했습니다. 그리고 마침내 의논을 마쳤습니다.

우리는 내일 경기에서 각자 해야 할 역할을 수첩에 적었습니다.

보라 : 비커에 담긴 물을 알코올 램프로 끓인다.
진호 : 물이 끓는 동안 막자와 막자 사발을 이용해 각설탕을 잘게 부순다.
은별 : 잘게 부순 각설탕 가루를 깨끗한 종이에 옮겨 담은 후 따뜻한 물이 든 비커에 넣는다.
영훈 : 유리 막대로 빠르게 젓는다.

"각자 자기 역할을 잊지 말 것! 특히 은별이는 건망증이 심하니까 집에 가서 달달 외우도록!"

　진호가 나에게 농담을 했습니다. 사실 진호의 말이 틀린 건 아닙니다. 내가 건망증이 심하다는 건 우리 반 아이들이 다 알고 있었거든요. 그래서 나는 이번만큼은 나의 건망증 때문에 일을 망치는 일이 없도록 해야겠다고 다짐했습니다.

　다음 날이 되었습니다.

　아이들은 모두 들뜬 기분으로 등교를 했습니다.

　"여러분 생각대로 실험을 해 보세요. 준비, 시작!"

　선생님이 초시계를 눌렀습니다.

　아이들은 열심히 경기에 임했습니다. 어떤 모둠은 각설탕을 가루로 만들어 저었습니다. 어떤 모둠은 물을 끓여서 각설탕을 녹였습니다. 호철이네도 경기에 이기려고 열심이었습니다. 우리는 어제 짜 놓은 계획대로 차근차근 진행했습니다.

　다른 모둠은 초반부터 유리 막대를 이용하는데, 우리는 물을 끓이고, 각설탕을 빻느라 정신이 없었습니다. 곁눈질로 보니 왠지 우리가 질 것만 같았습니다.

　"영훈아, 좀더 빨리 저어 봐."

　급한 마음에 내가 재촉했습니다.

　"알았어."

영훈이는 최선을 다해서 저었습니다.
"이야, 다 녹았다!"
내가 소리쳤습니다. 그러자 선생님이 우리 쪽으로 다가오셨습니다.
"정말 다 녹았는걸."
선생님은 초시계를 눌렀습니다. 그리고 우리 모둠이 실험을 끝낸 시간을 칠판에 적어 놓았습니다.
뒤이어 다른 모둠들도 각설탕 녹이기를 끝냈습니다.
꼴등은 호철이네가 했습니다. 알고 보니 호철이네는 아무것도 이용하지 않고 찬물에 각설탕을 넣고 젓기만 했던 것입니다.
"오늘 경기의 1등은 진호, 보라, 영훈이, 은별이네 모둠이에요. 약속한 대로 1등에게 근사한 상을 주어야겠지요?"
근사한 상이라는 말에 우리는 귀를 쫑긋 세웠습니다.
"근사한 상은 바로 한 달 동안 청소를 안 해도 되는 거예요."
선생님의 말씀이 끝나는 동시에,
"이야, 신난다!"
우리는 손뼉을 치면서 좋아했습니다.

나와 보라는 얼싸안고 펄쩍펄쩍 뛰기까지 했습니다.
"녀석들, 청소 안 하는 게 그렇게 좋으니?"
"네!"
우리는 동시에 큰 소리로 합창했습니다.
다른 아이들은 우리를 무척 부러워했습니다.

조금 뒤 선생님께서는 오늘의 경기를 평가하셨습니다. 평가하시는 내내 우리 모둠의 실험 과정을 칭찬해 주셨습니다. 어제의 노력이 헛되지 않은 것 같아 기분이 좋았습니다.

하지만 호철이네 모둠은 기분도 안 좋고, 기운도 없어 보였습니다. 왜냐 하면 꼴찌한 것도 속상한데, 선생님께서 호철이네가 꼴등을 한 이유까지 설명을 하셨기 때문입니다.

아무튼 나는 오늘 하룻동안 참 즐거웠습니다. 재미있는 경기도 하고, 상도 받고, 여러 가지 새로운 사실도 알게 되었으니 말입니다.

궁금증 해결

설탕이 물에 녹는 까닭은 무엇일까요?

이 세상의 모든 물질은 분자로 이루어져 있어요.

분자는 그 물질의 성질을 가지고 있는 가장 작은 알갱이를 말해요. 물은 물 분자가 모여 있는 것이고, 설탕도 설탕 분자가 모여 있는 것이지요.

그런데 설탕을 물에 넣으면 설탕 분자들이 각각 떨어져 나누어져요. 그렇게 나누어진 설탕 분자들은 물 분자 사이사이의 틈으로 들어가지요.

물에 설탕 한 숟가락을 넣으면 물의 무게는 설탕 한 숟가락만큼 늘어나요. 그러나 물의 부피는 한 숟가락만큼 늘어나지 않아요. 왜냐 하면 설탕 분자는 아주아주 작아서 물 분자들 사이의 틈으로 들어가기 때문이에요.

콩과 쌀을 한번 섞어 보도록 하세요. 쌀이 콩 사이사이로 들어가 있는 것을 확인할 수 있을 거예요. 이와 마찬가지로 설탕 분자도 물 분자들 사이로 들어가는 거랍니다.

그런데 설탕 분자가 아무리 작다고 해도 한없이 설탕을 물에 녹일 수는 없어요. 설탕 분자들이 들어갈 틈이 없으면 설탕은 더 이상 녹지 않지요. 따라서 설탕을 더 녹이고 싶으면 물을 더 부어야 한답니다.

설탕에 소금을 넣으면 정말로 더 달까요?

설탕에 아주 적은 양의 소금을 넣으면 단맛이 강해지는 것을 느낄 수 있어요. 언뜻 생각하면 설탕이나 소금 사이에 무슨 화학적인 변화가 일어난 것 같지만, 사실은 그렇지 않아요. 설탕에 적은 양의 소금을 탔을 때 단맛이 더한 것은 다만 인간의 감각 구조 때문이에요.

전문적인 말로 '감각의 생리학'이나 '감각의 심리학'에서 볼 때 '대비 현상'이 나타나는 것이지요.

대비 현상이란, 강한 자극과 약한 자극이 동시에 주어졌을 때 강한 쪽의 감각 자극이 약한 쪽의 감각 자극에 영향을 받아 처음보다 더 강하게 느껴지는 현상을 말해요.

다시 말해 설탕에 소금을 약간 뿌리면, 소금에 의해 설탕의 단맛이 대비 현상을 일으켜 더욱 달게 느껴지는 것이지요. 반면 설탕에 소금을 많이 넣으면 대비 현상을 느낄 수가 없어요. 오히려 설탕의 단맛이 소금에 의해 사라져 버리지요.

일상 생활에서도 이와 같은 현상을 직접 경험해 볼 수 있어요. 단팥죽이나 고구마를 먹을 때 약간의 소금을 뿌린 뒤 먹어 보세요. 단팥죽과 고구마의 맛이 더욱 달게 느껴질 거예요.

● 여러 가지 가루 녹이기

연어야, 잘 가!

"얘들아, 안녕?"
 연어는 바다에 사는 친구들에게 인사를 했습니다.
 가자미는 의심에 찬 눈으로 연어를 노려보았습니다. 그리고 퉁명스럽게 물었습니다.
 "어머? 너는 누군데 바다에 함부로 들어온 거니?"
 "나는 연어라고 해. 바다에는 처음 와 봤어. 여기서 좀 살려고 하니까 잘 부탁한다."
 "넌 어디서 왔는데?"
 등이 굽은 새우가 촐싹거리며 말했습니다.
 "나는 강에서 왔어. 내가 알에서 깨어났을 때, 엄마는 돌아가시면서 강이 너무 추우니까 바다로 가라고 하

셨지. 그래서 여기까지 오게 된 거야."
"얼마나 춥길래 그래?"
몸집이 작은 멸치가 끼여들었습니다.
"강이 꽁꽁 얼 정도로 춥지."
"어는 건 또 뭐야?"
"너희들은 얼음도 모르니?"
연어가 깔깔깔 웃으며 잘난 체를 하자 물고기들도 연어를 다그치며 떠들어 댔습니다.

바닷속은 갑자기 시끌벅적해졌지요. 잠을 자던 소금들이 시끄러워서 눈을 떴습니다.
"왜 이렇게 소란들이니?"
나이가 제일 많은 소금 할아버지가 물어 보았습니다.
"할아버지, 강은 왜 얼죠?"
새우가 궁금해서 물어 보았습니다.
할아버지는 잠시 생각에 잠겼다가 자세하게 말씀을 해 주셨습니다.
"강에는 없고 바다에만 있는 게 있단다. 바로 이 할아버지 같은 소금들이지. 우리 소금 입자는 물 분자들이 모여 있는 걸 싫어해. 그래서 물 분자가 가까이 있지 못하게 방해하지."

그러자 옆에 있던 소금 아주머니가 정색을 하며 말했습니다.

"나도 물이 어는 건 딱 질색이에요! 그래서 물 분자가 서로 엉겨서 얼려고 하면, 당장 달려가 머리를 콕콕 쥐어박지요."

소금 아주머니의 말이 끝나기가 무섭게 꼬맹이 소금이 끼여들었습니다. 지금까지 요리조리 돌아다니며 무언가를 먹어 치우던 꼬맹이였습니다.

"혹시라도 나 몰래 열을 방출하는 물 분자가 있으면 각오해! 내가 가만두지 않을 거야. 지구 끝까지라도 쫓아가서 열을 먹어 치울 테니까 알아서 해."

꼬맹이의 말을 듣고 있던 소금 할아버지는 머리를 쓰다듬어 주면서 조용히 말했습니다.

"꼬맹아, 열을 너무 많이 먹지는 말거라. 그러다간 기운이 빠져서 몸이 아플 수도 있으니까. 알겠지?"

"네!"

꼬맹이 소금은 얼른 대답을 했습니다.

"바닷물이 얼지 않는 이유를 이제 정확히 알았어요."
바닷고기들은 고개를 끄덕였습니다. 그리고 소금 할아버지 덕분에 연어는 많은 친구들이 생겼습니다.

어느덧 세월은 흘러 가을이 되었습니다.

"얘들아. 나는 이제 11월이 되면 강으로 돌아가야 해. 가서 알을 낳아야 하거든."

연어가 불룩한 배를 만지며 말했습니다.

"11월에 떠나서 강에 도착하면 거기는 또 겨울이라 얼어 있을 게 틀림없어! 그럼 얼마나 춥겠니?"

"맞아! 강에는 물이 어는 걸 방해하는 소금이 없잖아. 연어야, 그러지 말고 평생 우리랑 얼지 않는 바다에서 같이 살자."

멸치와 가자미는 연어와 헤어지는 게 싫었습니다. 그래서 자꾸 연어를 설득해 보려고 노력했습니다. 연어도 바닷고기들과 헤어지는 게 아쉬웠습니다. 그러나 연어는 무언가를 곰곰이 생각하는 듯하더니 말했습니다.

"사실 우리 연어들은 배에 알이 꽉 차면 강으로 돌아가야 할 운명이거든."

연어는 말을 계속하지 못하고 그만 엉엉 울었습니다. 바닷속 친구들도 못내 아쉬워 연어를 안고 함께 울었습니다. 이 때 소금 할아버지가 말했습니다.

"정도 정이지만 누구나 자연의 순리에 따르는 게 도리란다. 그러니 더 이상 연어를 잡지 말거라."

　할아버지의 말을 들은 바닷고기와 소금들은 아무 말도 하지 못했습니다. 모두들 아쉬운 작별 인사를 나누었습니다. 연어는 강을 향해 헤엄을 쳤습니다. 조금 가다가 뒤돌아보기를 여러 번 반복하면서 말입니다. 그러나 가던 길을 멈추지는 않았습니다. 몇 날 며칠 동안 헤엄치고 또 쳐서 가다 보니 바다를 벗어나게 되었습니다.
　"어? 물맛이 짜지 않은 걸 보니 강이 얼마 남지 않았나 보네. 조금만 더 기운을 내자."
　연어는 기운이 솟았습니다. 그래서 힘차게 물살을 거슬러 강에 도착했습니다. 자기의 엄마가 그랬던 것처럼 알을 낳아서 정성껏 길렀습니다. 몇 주 후 알에서 깨어난 새끼들을 보고 연어는 눈물을 주르르 흘렸습니다.
　"얘들아, 엄마는 조금 있으면 죽게 될 거야. 그러니 너희들은 겨울에도 얼지 않는 바다로 떠나거라."
　며칠 후 연어는 죽고 새끼들만 바다로 떠났습니다.

궁금증 해결

소금의 역할

소금은 짠맛이 나는 흰색 물질입니다. 소금은 우리 생활에 없어서는 안 되는 중요한 물질이에요. 염소와 나트륨으로 구성되어 있으며, 물에 잘 녹는 성질이 있어요. 소금은 암염으로 지하에 묻혀 있거나, 바닷물 속에 녹아 있어요.

소금은 바닷물 속에서 바닷물이 얼지 않도록 해 줘요. 소금이 물에 녹는다는 것은 소금의 알갱이가 물 알갱이의 빈틈으로 들어간다는 뜻이에요. 물 알갱이 빈틈으로 들어간 소금은 물 분자가 가까이 있지 못하도록 방해를 한답니다. 또한 물 분자가 열을 내는 것도 막아 줘요. 이러한 소금의 역할 때문에 겨울에 바닷물이 얼지 않는 거예요.

이 밖에도 소금은 사람과 동물의 몸 속에서 생리적으로 중요한 구실을 해요. 그리고 음식의 간을 맞추어 맛이 나게도 하지요. 음식물이 썩는 것도 막아 주고, 의학용이나 공업용으로도 널리 쓰이고 있어요. 이렇게 쓰임이 많은 소금을 어떻게 만드는지 아세요?

우선 암염을 캐내어 다른 성분을 없애고 소금의 성분만을 뽑아 만드는 방법이 있어요. 그리고 바닷물을 염전에 끌어올려 햇볕에 수분을 증발시켜 만드는 방법이 있답니다.

놀라운 상식 백과

지구에 있는 얼음이 모두 녹으면 바닷물은 어떻게 될까요?

지구에는 여러 곳에 얼음이 분포되어 있습니다. 남극 대륙에는 약 88퍼센트 분포해 있고, 그린란드에는 11퍼센트, 북극해 일대에는 1퍼센트가 있습니다. 이 모든 얼음이 한꺼번에 녹으면 바다의 수면은 약 66미터 정도가 위로 솟아오르게 됩니다.

그렇게 되면 지구는 거의 물바다가 되겠지요. 지구가 물바다가 되면 우리 나라의 서울에 있는 63빌딩은 머리끝만 남고, 나머지는 남산, 북한산 정도만 겨우 남게 될 거예요.

바닷물은 짠데 물고기는 왜 안 짤까요?

바다에 사는 생선은 날로 먹어도 짜지 않습니다.

물고기들은 몸에 필요한 수분을 섭취하기 위해 바닷물을 마십니다. 그 다음 수분은 장에서 섭취하고, 지나치게 많은 염분은 아가미에 있는 염류 세포를 통해 밖으로 다시 내보냅니다.

그렇기 때문에 바다에 사는 물고기라고 해도 바닷물처럼 짜지 않은 것입니다.

물 속에서도 양초가 탈까요?

누나가 촛불을 켜고 소원을 빌고 있어요. 소원은 뻔해요. 빵이랑 케이크를 많이 달라는 것이지요.

그런데 깡돌이는 누나가 불장난을 하는 줄 알고, 양동이 가득 물을 떠다가 누나에게 쏟아부었어요.

"누나, 불장난하면 자다가 오줌싼단 말야."

"깡돌이 녀석, 내 빵이나 내 놔!"

누나는 화가 나서 깡돌이에게 타다 만 양초를 던졌어요.

그런데 물 속에서도 꺼지지 않고 양초가 잘 타네요. 특별한 양초냐고요? 아니에요. 평소 우리가 쓰는 양초예요.

양초랑 압정이랑 그릇이랑 물을 준비해서 직접 실험해 보세요.

우선 압정을 달군 후, 달궈진 압정을 양초의 밑바닥에 꽂으세요. 이건 양초의 아래쪽을 무겁게 해서 물 속에서도 쓰러지지 않게 하려는 거예요. 양초에 압정을 꽂고 나면 그릇에 물을 담고, 양초를 물 속에 넣으세요. 그리고 심지와 양초의 가장자리만 물 위에 떠오르도록 하세요.

마지막으로 심지에 불을 붙이세요. 아마 불이 꺼지지 않을 거예요. 그건 촛농이 겉부터 굳기 때문이에요. 안쪽의 촛농은 계속 녹으면서 절구 모양으로 깊이 패어요.

이렇게 오래 두면 계속 만들어지는 촛농 때문에 양초가 물 속에서도 끝까지 탄답니다.

씽크탱크

세탁기에는 꼭 가루비누만 넣어야 할까요?

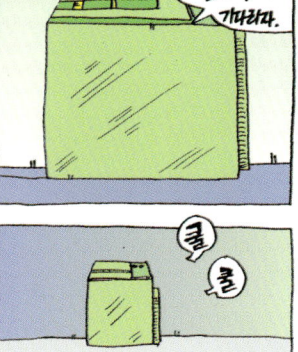

칠칠이는 밖에만 나갔다가 돌아오면 옷이 흙투성이로 변해 있어요. 그래서 늘 엄마한테 야단을 맞는답니다. 오늘도 역시나 옷 꼴이 말이 아니에요.

그래서 칠칠이는 스스로 빨래를 하기로 결정했어요.

칠칠이는 세탁기 뚜껑을 열고 넓적한 빨랫비누를 집어넣었어요. 그리고는 빨래를 하려고 옷을 입은 채로 세탁기 속으로 들어갔지요. 세탁기 속에 들어간 칠칠이는 슬슬 잠이 오기 시작했어요. 그런데 이 사실을 모르고 있는 엄마는 칠칠이를 찾느라 온 집 안을 뒤지고 다녔답니다.

세탁기에는 꼭 비누를 넣어야 해요. 그 이유는 당연히 빨래가 깨끗해지라고 그러는 거죠. 그런데 엄마는 세탁기에 꼭 가루비누만 넣어요. 왜 그럴까요? 그건 용해 때문이에요. 지금 굵은 소금과 고운 소금을 한 줌씩 물에 넣어 보세요. 고운 소금이 훨씬 빨리 녹는다는 걸 알 수 있을 겁니다. 왜냐 하면 덩어리보다 가루가 물에 더 잘 녹기 때문이에요.

특히 덩어리 비누는 너무 크고 단단하기 때문에 물에 녹이기가 무척 힘들어요. 빨래를 할 때 비누에 아무리 물을 묻혀 놓아도 모양이 잘 변하지 않잖아요. 그것만 봐도 비누가 물에 잘 녹지 않는다는 걸 알 수 있을 거예요. 따라서 사람들은 세탁기에 덩어리 비누를 넣지 않고 용해가 잘 되는 가루비누를 사용하는 것이랍니다.

🍓여러 가지 돌과 흙

심술꾸러기 바위

 깊은 산 속에 덩지 큰 바위가 살고 있었어요. 바위는 성격이 아주 포악하고, 얼굴에는 심술이 덕지덕지 붙어 있었어요. 바위는 매일 누구를 골탕먹일까 궁리하고 연구하는 게 일이었지요. 궁리가 끝나고 심심하다 싶으면 산 아래 마을로 내려가 심통을 부렸어요.
 "오늘은 개울부터 가 봐야겠군."
 바위는 쿵쾅쿵쾅 산을 내려왔어요.
 '꽈당!'
 "아야!"
 자갈이 바위에 깔려서 다쳤는데도 바위는 아랑곳하지 않았어요. 오히려 옹기종기 모여 있는 모래들을 짓밟으

면서 재미있어했어요.

저벅저벅 쿵쿵, 발길을 돌린 바위는 길가에 있는 풀잎과 벌레들을 괴롭혔어요. 그리고 길을 지나가던 너구리 할머니의 앞을 막아섰어요.

"예끼, 이놈! 너는 어른도 몰라보느냐?"

할머니는 지팡이를 들고 호되게 야단쳤지만 역시 소용 없었어요. 밭으로 간 바위는 토끼 아주머니의 호미를 부러뜨렸어요. 그리고 밭에 난 상추와 오이, 어린 양배추할 것 없이 사정을 봐 주지 않고 무조건 괴롭혔지요.

이렇게 심술을 부리는데 바위에게 친구가 있었겠어요? 하지만 바위는 친구따위엔 신경도 쓰지 않았어요. 누구든 괴롭히면서 하루를 보내면 되었으니까요. 항상 바위가 내려온 날은 마을이 쑥대밭으로 변했어요. 마을에 사는 모든 생물들은 혹시나 몸을 다칠까 숨기 바빴답니다.

이 모습을 지켜 보던 하늘의 해님과 바람, 먹구름이 의논을 했어요.

"얘들아, 우리가 저 마을을 지켜 줘야겠어."

"해님 말이 맞아. 바위가 계속 심술을 부려대면 더 이상 마을에 남아나는 게 하나도 없겠는걸?"

"그럼, 우리 힘을 합쳐 볼까?"
해님과 바람과 구름은 온몸을 합치며 외쳤어요.
"풍화 작용으로 합심! 찌지지직."
제일 먼저 해님이 바위의 몸을 뜨겁게 달구었어요. 해님은 온몸에 힘을 주어 햇살을 뿌려댔어요. 얼굴을 활짝 펴서 세상을 후끈후끈 달궜지요.
"아이 더워. 이러다간 내 몸이 다 녹아 버리겠어."
바위는 너무 더워서 숨이 탁탁 막히고, 땀이 뻘뻘 났어요.

 기회를 엿보고 있던 먹구름이 세상을 온통 뒤덮었어요. 쏴아쏴아! 소낙비를 퍼부었지요. 그러자 뜨겁던 바위의 몸이 갑자기 식으면서 갈라지기 시작했어요.
 "이를 어째? 내 몸에 금이 가고 있잖아! 빗물이 틈새로 스며드네? 아이고 아파."
 바위는 데에굴 데에굴 느리게 굴렀어요. 하지만 바위의 몸에는 계속 금이 갔어요.
 "기회는 바로 이 때다!"
 바람이 한꺼번에 휙휙 불었어요. 쌩쌩 쌔앵 짝! 바위의 몸을 사정없이 때렸던 거예요.
 "아야, 왜 나를 때리는 거야? 이 못된 바람아!"
 바위는 소리를 질렀어요.
 하지만 바람은 들은 체도 하지 않았죠. 뿌직 뿌직 뿌지직~ 바위의 몸이 산산조각 나기 시작했어요.
 "다시 한 번 풍화 작용으로 합심! 찌지지직."
 해님과 구름, 바람은 쉬지 않고 풍화 작용을 일으켰어요. 바위가 숨 돌릴 틈도 주지 않고 말이죠.
 "제, 제발 그만 해!"
 "아직도 기운이 남은 게로군!"
 풍화 작용은 계속되었어요. 세상은 온통 환했다가 흐

렸다가 했어요. 게다가 바람도 쉭쉭쉭 한꺼번에 세차게 몰아쳤지요. 바위는 쪼개진 몸으로 구르고 또 굴렀어요. 마침내 그 큰 바위가 산산조각 났다는 것을 알았을 때, 두려운 마음으로 지켜 보던 마을의 모든 동식물들은 환호성을 올렸어요.

"해님, 감사합니다."

길가에 피어 있던 들꽃들이 빙그레 웃으며 말했어요.

"구름님, 정말 고마워요."
밭에 난 채소들도 고마움의 인사를 잊지 않았어요.
"바람님, 저 무시무시한 바위를 물리쳐 주셔서 이제 한시름 놓았어요. 덕분에 오늘부터는 모두가 다리 쭉 뻗고 잘 수 있겠네요."
다들 한 마디씩 감사의 표시를 했어요.
해님과 바람과 구름은 뿌듯해하며 웃었어요. 그런데 갑자기 너구리 할머니가 한숨을 내쉬며 말했어요.
"너무 안심들 하지 말게. 저 바위는 사라졌어도 또 다른 바위들이 있으니 말이야. 내 평생에 이런 사나운 꼴을 두 번이나 겪을 줄 누가 알았겠나."
"너구리 할머니 말씀이 맞아요. 이런 일이 한두 번 있었던 건 아니니까 항상 조심하는 게 좋을 거예요."
해님이 말하자 모두들 고개를 끄덕였어요. 그리고 한동안 산 아래 마을에는 평온한 기운이 감돌았습니다.

궁금증 해결

풍화 작용

　풍화 작용은 땅에 노출된 신선한 바위가 바람이나 비 등을 맞아 차츰 변해 가는 과정을 말해요. 풍화 작용은 바위에 미치는 원인에 따라서 물리적 풍화 작용, 화학적 풍화 작용, 생물적 풍화 작용 등으로 나뉘어요.

　물리적 풍화 작용은 온도 변화로 인해서 바위가 파괴되는 것을 말해요. 바위는 너무 강렬한 햇빛을 받거나, 너무 추워서 얼면 깨진답니다.

　화학적 풍화 작용은 대기 또는 물, 혹은 대기와 물이 동시에 작용해 바위를 화학적으로 변화시키는 것을 말해요.

　생물적 풍화 작용은 물리적으로도 화학적으로도 작용합니다. 토양 속의 박테리아 중에는 황이나 철 등을 산화시키는 작용을 하는 게 있어요. 식물체가 썩어서 유기산이 생기면 바위를 분해하지요.

　식물의 뿌리가 바위의 갈라진 틈새를 확대시켜서 서서히 파괴하는 예로는 소나무를 들 수 있어요. 물리적 풍화 작용과 화학적 풍화 작용은 함께 일어나는데, 고온 다습한 지역에서는 화학적 풍화 작용이 우세하게 나타나요. 그리고 건조 지역이나 한대 지역에서는 물리적 풍화 작용이 우세하게 나타난답니다.

놀라운 상식 백과

돌에도 지문이 있어요

　돌에 어떻게 지문 같은 줄무늬가 생겼을까요? 돌이 잘게 부숴지면 흙이 된다는 사실은 알고 있을 거예요. 세월이 지나면 처음의 흙 위에 다른 성질의 흙이 계속 쌓입니다. 처음의 흙은 높은 압력을 받아 아주 단단하게 변하지요. 이 때 흙에 경계선이 생기는데 이게 바로 줄무늬입니다.

　돌이 떨어져 나가 흙이 되고, 흙이 다시 떨어져 나가 줄무늬가 있는 돌이 된 것입니다. 돌의 종류에는 화산에 의해 생긴 화성암과 모래나 흙이 오랜 세월 쌓여 굳어진 퇴적암이 있습니다. 또한 화성암이나 퇴적암이 변해서 생긴 변성암도 있습니다.

마그마의 심술로 생긴 화산

　지구는 중심으로 들어갈수록 땅 속의 온도가 매우 높습니다. 약 30킬로미터 정도에는 암석들이 녹아 고여 있는 마그마라는 게 있습니다. 마그마는 시간이 지날수록 부피가 커져 땅 표면이 약한 곳이나 갈라진 틈을 찾으면 솟구쳐 나옵니다. 이렇게 마그마가 솟구쳐 나와 용암과 재가 쌓인 것을 화산이라고 합니다.

씽크탱크

흙은 어떻게 생기는 걸까요?

"우리 화성에도 지구처럼 꽃과 나무가 자랐으면 좋겠구나. 그러니 얼른 지구에 가서 흙이란 것을 가져오너라!"

화성인들은 대왕의 명령을 받고 지구로 날아왔어요. 그런데 도무지 흙이 뭔지 알 수가 없는 거예요. 그래서 지나가는 어린아이에게 흙이 뭔지 물어 보았어요. 아이는 가방에서 책을 꺼내 자세하게 설명해 주었어요.

"돌이 오랜 시간 동안 바람이나 물에 의해 깎여서 작은 알갱이로 변한 것이라고 나와 있는데요. 그러니까 흙은 돌이 있으면 자연스럽게 생기는 거예요."

아이의 말이 끝나자마자 화성인들은 돌무더기를 우주선에 싣고 화성으로 되돌아갔어요.

"흙을 만들려면 아직 멀었나?"

"금방 됩니다요."

화성인들은 지금 뭘 하고 있냐고요? 주전자로 물 뿌리고 부채로 바람을 일으키면서 그 큰 바윗돌을 흙으로 만들고 있을 거예요.

흙은 바위가 아주 오랫동안 부서지고 부서져서 만들어진 거예요. 바위가 흙이 되려면 아주 오랜 시간이 걸린답니다. 이걸 모르는 화성인들은 괜히 돌덩이를 가지고 가서 고생을 하고 있네요.

🍓 소리내기

소리의 여행

띠리릭, 띠리릭~

나는 전화 속에서 나온 소리예요.

나는 눈에 보이지는 않지만 공기를 타고 어디든 갈 수 있어요.

"어이쿠!"

방향을 잘못 잡은 친구들은 벽에 부딪혀 튕겨 나오기도 했고, 어떤 친구는 창가의 커튼 속으로 사라지기도 했어요. 하지만 나는 전화기에서 나올 때부터 방향을 정했지요.

'난 저기 찬돌이 귀로 들어갈 거야.'

그런데 나는 엉뚱하게도 거실에 있는 거울 쪽으로 가

고 말았어요. 거울에 비친 찬돌이를 진짜 찬돌이로 착각한 거예요.

"어, 이 쪽이 아닌데……."

난 그만 거울에 '꽝!' 부딪히고 말았답니다.

거울에 부딪혔다 튕겨 나온 나는 간신히 찬돌이의 귓속으로 들어갈 수 있었어요. 찬돌이의 귓바퀴가 그냥 흘러갈 뻔했던 나를 잡아 주었던 것이지요. 정말 아슬아슬하게 말이에요.

"후유, 살았다!"

나는 귓바퀴를 타고 귓구멍 속으로 들어가며 안도의 한숨을 내쉬었어요.

깜깜한 동굴 같은 귓구멍 속으로 들어서자 나와 똑같이 생긴 친구들이 많았어요. 물론 거울 같은 물체에 부딪히지 않고 들어온 친구들은 나보다 훨씬 컸고, 나무 책상이나 종이 같은 것에 부딪힌 친구들은 나보다 훨씬 작았지요.

"안녕, 우리는 똑같은 소리인데 크기가 조금씩 다르네?"

"응, 소리는 어떤 물체에 부딪혔다 나오게 되면 크기가 작아지거든."

소리의 여행

나는 내 몸이 작아진 이유를 말해 주었어요.
"빨리 가자. 저기가 고막이야."
귓구멍의 안쪽에는 얇은 막처럼 생긴 고막이 있었어요. 우리는 그 고막을 사정없이 머리로 받았지요. 곧 고막이 울리기 시작했어요. 고막에서 새롭게 태어난 나는 곧바로 달팽이관으로 갔어요. 꼭 달팽이 껍질처럼 생긴 작은 기관이었는데, 림프액이라는 액체 속에 아주 작은 털들이 나 있었지요.
우리들은 그 털들이 나 있는 막에 부딪혔어요. 그러자 털들이 움직였어요.
"우아, 털들이 흔들려."

"맞아. 우리가 할 일은 여기까지야."

"여기까지라고? 그럼 어떻게 찬돌이가 소리를 알아들어?"

"이 털을 섬모라고 해. 우리의 힘에 의해 이 섬모가 흔들리게 되면 림프액에 닿아 있는 뿌리 쪽은 압력이 달라지게 되지. 그 압력은 민감한 청세포를 자극하고, 청세포는 신경을 통해 이 자극을 대뇌에 알리게 된단다. 그러면 대뇌가 우리의 뜻을 알아듣고 반응하는 거야."

그 친구의 말대로 찬돌이가 전화 쪽으로 성큼성큼 걸어갔어요. 나는 비록 사라졌지만 임무를 완수했던 것이지요.

궁금증 해결

소리는 어떻게 들릴까요?

소리는 귀를 통해서 듣습니다. 그러므로 귀가 없다면 신나는 음악도, 아름다운 자연의 소리도 들을 수 없겠지요.

귀는 크게 겉귀, 가운데귀, 속귀로 이루어져 있습니다.

귀가 이렇게 복잡한 부분으로 되어 있는 까닭은 밖에서 전해지는 소리를 뇌로 전달해 주기 때문입니다.

따라서 귀의 각 부분은 소리를 모으고, 소리를 읽고 알아 내어 뇌에 전달하는 역할을 하게 되지요.

즉, 겉귀의 귓바퀴에서 소리를 모아 보내면 그 소리에 고막이 울립니다.

그 다음으로는 이 울림이 가운데귀의 청소골을 거쳐 마치 달팽이처럼 생긴 달팽이관에 이르고, 달팽이관 속에 있는 청세포가 이 자극을 받아들이지요.

이어 청세포가 이 자극을 신호로 바꾸어 대뇌에 전달함으로써 우리는 소리를 듣게 되는 것입니다.

놀라운 상식 백과

귀가 하는 또 다른 일

귓속에는 몸의 균형을 잡아 주는 반고리관이 있어요. 평균대를 걸어갈 때 중심을 잡을 수 있고, 빙글빙글 돌거나 몸이 흔들릴 때 어지러움을 느끼는 것도 다 반고리관이 있기 때문이지요. 또 차나 배를 탔을 때 멀미를 하게 되는 이유도 이 반고리관이 강한 자극을 받기 때문입니다.

귀가 없는 동물은 어디로 소리를 듣나요?

사람이나 개, 소 등은 밖에서도 확실하게 귀를 찾아 낼 수 있습니다. 그런데 곤충이나 개구리 같은 동물은 아무리 찾아도 귀가 없습니다. 하지만 소리를 듣지 못하는 것은 아니지요. 귀뚜라미는 고막이 뒷다리에 있어요. 또 개구리는 귓바퀴가 없고 고막이 밖으로 드러나 있지요.

동물들은 소리로 적이나 먹이가 어디 있는지 알아 내기 때문에 소리를 잘 듣는답니다.

🍓 소리내기

악기 나라 소리재기

악기 나라 가수인 꾀꼬리가 어느 날부터 노래를 하지 않았습니다. 그러자 놀란 가야금 왕이 소리재기 대회를 열었습니다.

"두웅~"

"띵."

"땡."

가장 아름다운 소리를 뽑아 꾀꼬리가 노래할 수 있도록 하기 위해서였습니다.

가야금 성에는 아침부터 온갖 악기 소리가 끊이지 않았습니다.

"어험, 조용!"

가야금 왕이 소리를 질렀습니다.

하지만 둥둥거리는 북, 뿌뿌거리는 나팔, 깽깽거리는 해금 등 여러 소리가 제각기 울리는 바람에 아무도 가야금의 말을 듣지 못했습니다.

"이런! 소리들이 서로 어울리지 않으니까 정말 듣기 싫군."

"그래요. 이런 걸 불협화음이라고 하지요."

왕비인 거문고가 말했습니다.

"모두를 조용히 시킬 좋은 방법이 없겠소?"

"있지요, 물을 뿌리는 거예요. 호호호."

심술이 많은 거문고 왕비가 깔깔 웃음을 터뜨리자, 가야금 왕이 벌컥 화를 냈습니다.

"우리 악기들한테는 물이 적이라는 걸 모르오?"

"나무로 만든 악기가 물에 몸이 닿으면 금세 뒤틀리고, 금속으로 만든 악기가 물에 몸이 닿으면 금세 녹이 슨다는 걸 제가 왜 모르겠어요."

거문고 왕비가 기어들어가는 목소리로 말했습니다. 그러자 가야금 왕이 더욱더 화를 냈습니다.

"알면서 그런 말을 한단 말이오?"
"그것말고 저 시끄러운 소리들을 무엇으로 잠재울 수 있겠어요?"

거문고 왕비가 얼굴을 홱 돌리며 새침하게 대꾸했습니다. 그제야 가야금 왕이 마음을 진정하고 말을 이었습니다.

"왕비, 왕비가 말한 건 별로 좋은 방법이 아니오."
가야금 왕은 꽹과리와 장구를 불렀습니다.
"너희들이 소리를 내어 저 악기들을 조용히 시키도록 해라."

"네, 알겠습니다."
꽹과리와 장구가 명령을 받들었습니다.
"꽹매깽 꽹매깽."
"정저꿍 정저꿍."
꽹과리와 장구가 소리를 내기 시작했습니다.
꽹과리의 높고 날카로운 소리와 장구의 낮고 부드러운 소리가 짝을 이루며 하늘을 덮었습니다.
그러자 지금까지 떠들던 악기들이 순식간에 소리를 멈추었습니다.

"허허, 이제야 좀 조용해졌군. 역시 큰 소리는 두드려서 소리를 내는 타악기가 최고야."

가야금 왕이 흐뭇한 표정을 지었습니다.

"악기 여러분, 조용히 해 보세요. 자, 지금부터 소리재기 대회를 시작하겠습니다."

"짝짝짝, 와아~."

함성이 울려 퍼지고 곧 소리재기 대회가 시작되었습니다.

먼저 기타가 소리를 냈습니다.

"띵까딩까 띵딩딩, 전 기타입니다. 저의 부드러운 소리를 들려 드리겠습니다."

기타는 굉장히 부드럽고 감미로운 소리를 냈습니다. 모두들 기타 소리에 감동한 모습이었습니다.

"어쩜 저렇게 고운 소리를 낼 수 있을까요?"

"그건 줄을 퉁겨서 나는 소리를 울림통에 울리도록 해서 소리를 내기 때문이야. 거문고 왕비나 나 가야금 왕도 똑같은 방법으로 소리를 내는 거지. 그러나 기타의 감미로운 소리로도 꾀꼬리의 목소리를 찾아 주지는 못하는군."

항상 아는 것이 많아서 머리가 무겁다는 가야금 왕이 실망을 했습니다.

"빰빠바밤, 전 씩씩한 소리를 자랑하는 트럼펫! 제 장기를 보여 드리죠."

트럼펫이 무대 위를 통통 뛰어다니며 흥을 돋우었습니다. 그러나 꾀꼬리는 고개조차 들지 않았습니다.

"음, 공기를 울려서 나오는 소리를, 긴 관을 통해 크고 부드럽게 하는 악기로군요."

이번엔 거문고 왕비가 아는 척을 했습니다.

건반을 누르면 여기에 연결된 나무 망치 같은 장치가 쇠줄을 울리는 건반 악기 피아노, 줄을 활로 켜서 소리를 내는 현악기 바이올린, 입으로 불어서 소리를 내는 대금, 피리 같은 관악기, 두드려서 소리를 내는 타악기 등 대회에 참가한 많은 악기들이 제 소리를 뽐냈습니다.

그러나 꾀꼬리는 여전히 노래하지 않았습니다.

"이번엔 외국 대표로 참가한 도레미 양을 소개하겠습니다."

마지막으로 노래 나라에서 온 도레미가 무대로 올라왔습니다.

"에이, 불공평해. 악기 나라 대회에 왜 사람들을 참석

시키는 거야?"

"사람은 싫다. 사람은 가라!"

"우우우, 사람은 악기가 아니다. 자격이 없다!"

악기들이 야유를 보냈습니다.

"조용히 하세요. 도레미 양은 인간 세상에서 특별히 참가한 분입니다. 그러니 모두 귀를 기울여 들어 주십시오."

가야금 왕이 모두를 진정시켰습니다. 이윽고 도레미 양의 노래가 시작되었습니다.

그런데 도레미 양의 노랫소리를 들은 꾀꼬리가 갑자기 노래를 하는 게 아니겠습니까?

그 많은 악기들의 열띤 공연에도 아랑곳하지 않던 꾀꼬리가 사람을 따라서 노래를 하다니 정말 놀랄 일이었습니다.

이 모습을 지켜 본 가야금 왕은 흐뭇

한 미소를 지으며 도레미 양에게 가장 아름다운 소리 상을 주었습니다.

그러자 악기들이 화를 냈습니다.

"도레미 양은 악기도 아닌데 가장 아름다운 소리 상을 주다니요!"

그러자 도레미 양이 흥분한 악기들에게 말했습니다.

"여러분, 높고 낮은 소리는 공기를 통해 우리의 귀에 전달되는 거예요. 그래서 여러분들이 내는 다양한 소리들은 들을수록 정말 아름다워요. 하지만 여러분들은 자기 소리를 뽐내려고 할 뿐이었어요. 아름다운 소리란, 듣기만 좋은 것이 아니라 마음을 전할 수 있어야 해요. 저는 꾀꼬리에게 마음을 전달하고 싶었습니다. 그게 꾀꼬리의 마음으로 전달된 것 같군요."

도레미 양이 꾀꼬리를 보며 미소

악기 나라 소리재기

지었습니다.

악기들은 도레미 양의 말에 귀를 기울이기 시작했습니다.

"여러분 중에서 꾀꼬리가 왜 노래를 잃어버렸는지 누구 아는 분 있나요? 그건 악기 나라의 소리들이 너무 아름다워서 꾀꼬리가 목소리에 자신감을 잃었기 때문이었어요."

"아름다우면 좋지, 왜 자신감을 잃어요?"

"모두 자기가 최고라고 뽐내기만 하고 남의 소리는 듣지 않았으니 자신감을 잃을 수밖에요."

도레미 양의 말을 듣고서야 노래 나라의 악기들은 그 동안 꾀꼬리가 왜 노래하지 않았는지 알 수 있었습니다.

"자기 소리를 아름답게 가꾸는 것도 좋지만, 정말로 마음을 울리는 소리는 여러 소리가 함께 어울려 만든 화음이라고요."

도레미 양이 다정하게 꾀꼬리의 머리를 쓰다듬으며 말했습니다.

"아하, 그래요. 우리가 그걸 몰랐군요."

"정말 아름다운 소리가 무언지 알고 있는 도레미 양은 상을 받을 자격이 충분히 있어요."

악기들이 모두 고개를 끄덕였습니다.

"오, 도레미 양 고마워요. 덕분에 꾀꼬리의 노랫소리도 듣게 되었고, 진정으로 아름다운 소리도 찾게 되었군요."

가야금 왕은 여러 악기들을 대표해서 도레미 양에게 감사의 인사를 했습니다.

이렇게 해서 악기 나라에는 아름다운 소리들이 가득 차게 되었습니다.

소리는 어떻게 날까요?

우리가 소리를 들을 수 있는 것은 물체의 떨림, 즉 진동 때문입니다. 우리는 공기나 물 같은 물질을 타고 온 떨림을 귀를 통해 듣게 되는 것입니다.

우리가 들을 수 있는 소리의 진동수는 16~2만 헤르츠(Hz)이지요. 여기서 'Hz'란 진동수의 단위로 1초 동안 진동하는 수를 나타내는 것입니다.

한편, 바람 소리나 사이렌 소리와 같은 것은 직접 물체가 진동하는 것이 아니라 주변에 있는 공기를 진동시켜서 소리를 냅니다.

소리의 성질은 소리의 크고 작음을 말하는 소리의 세기, 소리의 높고 낮음을 말하는 소리의 높이, 그리고 소리의 특징을 나타내는 음색에 의해 정해집니다. 이 세기, 높이, 음색을 소리의 3요소라고 합니다.

놀라운 상식 백과

소리의 빠르기

소리의 빠르기는 물체의 종류, 온도, 압력에 따라 매우 큰 차이를 나타냅니다. 소리는 기체보다는 액체가, 액체보다는 고체가 더 빠르게 나아갑니다.

천둥 소리의 정체

천둥 소리는 '우르르 쾅쾅' 반복해서 들립니다. 이것은 천둥 소리가 여러 번 반사되어 오기 때문입니다. 소리도 빛처럼 반사되는 거지요. 동물들의 귀가 안쪽으로 깊게 팬 것도 소리의 반사를 이용해 큰 소리를 듣기 위해서입니다.

소리로 세상을 보는 동물

초음파를 이용하는 박쥐는 눈 대신 소리로 세상을 보지요. 그래서 박쥐는 밤에도 낮처럼 하늘을 날아다닌답니다.

🍓 섞여 있는 알갱이의 분리

못 말리는 철 깡통과 알루미늄 깡통

나는 나는 철 깡통!
아무도 못 말리는 깡통 중의 깡통.
이 세상에서 나를 말릴 수 있는 사람이 있다면 나와
보라고 해. 나는 나는 말썽꾸러기 철 깡통!

나는 나는 알루미늄 깡통!
못 말리는 깡통 중의 깡통.
이 세상에서 나를 말릴 수 있는
사람이 있다면 나와 보라고 해.
나는 나는 말썽꾸러기 알루미늄 깡통!

철 깡통과 알루미늄 깡통은 늘 이 모양이에요. 둘이 꼭 붙어 다니면서 온갖 말썽을 다 부리지요.

철 깡통과 알루미늄 깡통은 처음에 슈퍼마켓에서 만났어요.

철 깡통 속에는 꽁치 조림이 잔뜩 들어 있었어요.

알루미늄 깡통 속에는 음료수가 가득 들어 있었고요.

둘은 보자마자 친해졌어요.

슈퍼마켓 주인이 잠깐 한눈을 팔면 둘은 즉시 말썽을 피웠어요.

진열장 위에 가지런히 놓여 있는 물건들을 우르르 넘어뜨리는가 하면, 약한 과자 봉지들을 펑펑 터뜨려 안에 든 과자를 모두 쏟아 놓았지요.

둘은 팔려 나가지 않으려고 애썼어요. 사람들이 찾아

오면 진열장 맨 구석에 숨기도 하고, 일부러 먼지 구덩이에서 뒹굴어 온몸을 더럽혔어요.

"이건 왜 이렇게 지저분한 거야?"

사람들은 철 깡통과 알루미늄 깡통을 거들떠보지도 않았어요. 둘의 작전이 딱 들어맞은 거예요.

하지만 이걸 어째요?

둘이 슈퍼마켓에서 쫓겨날 신세가 되었어요. 하도 안 팔려서 유통 기한이 넘어 버린 거예요.

"에잇, 유통 기한이 지난 걸 팔 수는 없지."

슈퍼마켓 주인은 둘의 뚜껑을 딴 뒤 몸 속에 든 꽁치 조림과 음료수를 쏟아 버렸어요.

결국 둘은 재활용품 공장으로 보내졌어요. 하지만 재활용품 공장에서도 둘의 말썽은 그칠 줄 몰랐어요.

재활용품 공장에 모여든 재활용품들은 날마다 한숨도 잘 수가 없었어요.

이러니 내가 나설 수밖에요.

내가 누구냐고요?

나는 공장에서 쓰는 자석이에요. 나는 여러 가지 물건이나 알갱이에서 철을 분리해 낼 때 유용하게 쓰여요.

아무튼 철 깡통과 알루미늄 깡통이 내 앞에서 꼼짝 못

한다는 걸 보여 줄게요.

저 녀석들은 오늘도 분명히 이동 벨트에서 미끄럼타기를 할 거예요. 그 때 내가 재빨리 이동 벨트에 달라붙으면……. 하하하! 결과는 직접 확인해 보도록 하세요.

드디어 두 녀석이 이동 벨트를 타고 놀기 시작했네요.

기회는 바로 이 때예요. 얼른 이동 벨트에 달라붙어야겠어요. 이얍! 드디어 됐어요. 철 깡통이랑 알루미늄 깡통이 쩔쩔매는 게 보이지요?

"철 깡통, 어딜 가는 거야. 이쯤에서 바닥으로 뛰어내려야 돼. 그렇지 않으면 분리 바구니에 실려서 재활용된단 말이야."

"나도 알아. 그런데, 어……. 내 몸이 말을 안 들어. 누군가 나를 끌어당기는 것 같아."

그럼 그렇지.

깡통들이 수선을 떠네요. 하지만 아무리 수선을 떨고 발버둥을 쳐도 이번만은 봐 주지 않을 거예요. 저 녀석들의 버릇을 단단히 고쳐 놓을 거라고요.

자, 보세요. 철 깡통을 구하려다 알루미늄 깡통도 제때에 바닥으로 뛰어내리지 못해 앞쪽 분리 바구니에 떨어졌고, 철 깡통은 뒤쪽 분리 바구니에 떨어졌잖아요.

이렇게 해서 철 깡통과 알루미늄 깡통의 말썽도 끝이 났어요.

둘은 각각 재활용되어 새로운 깡통으로 태어났지요.

두 녀석이 아직도 말썽을 부리냐고요?

그렇지 않아요.

두 깡통은 지난날 자신들의 잘못을 깊이 반성하고, 지금은 아주 착실하게 잘 살아가고 있답니다.

섞여 있는 알갱이 분리하기

　모래와 철가루의 혼합물을 분리해 내려면 자석이 필요해요. 철가루는 자석에 잘 달라붙는 성질이 있거든요. 이 때 자석에 비닐이나 종이를 씌우는 것도 잊지 마세요. 맨 자석에 철가루가 붙으면 손으로 떼어 내기가 어렵거든요.

　모래와 자갈의 혼합물을 분리할 때는 체를 이용하는 게 좋아요. 체로 모래와 자갈의 혼합물을 거르면 자갈은 체 위에 남고 모래는 빠져 나가지요.

　체를 고를 때는 체의 눈의 크기를 잘 살펴야 돼요. 체의 눈의 크기가 모래보다는 크고 자갈보다는 작아야 한답니다.

　콩, 쌀, 좁쌀 혼합물을 분리할 때도 체를 이용해요. 이 때 체는 눈이 큰 것과 작은 것 2가지를 사용해야 돼요. 먼저 굵은 눈 체로 콩을 분리해 낸 다음, 가는 눈 체로 쌀과 좁쌀을 분리해 내는 거예요.

　체는 우리가 직접 만들 수도 있어요. 종이컵을 이용하면 되지요. 먼저 분리할 혼합물의 크기를 재어 종이컵 바닥에 구멍을 알맞게 뚫어요. 이 때 구멍은 종이컵 안쪽에서 뚫어야 혼합물이 잘 분리된답니다. 그리고 콩과 쌀의 혼합물을 분리하려면 구멍의 크기를 쌀보다는 크고 콩보다는 작게 뚫어야 해요.

놀라운 상식 백과

알루미늄 깡통이 풍선을 따라다녀요

알루미늄 깡통이 고무 풍선의 뒤를 따라 굴러가는 것을 본 적이 있나요? 자, 지금부터 실험을 통해 확인해 봐요. 준비물은 알루미늄 깡통, 고무 풍선, 화장지만 있으면 돼요.

먼저 알루미늄 깡통을 바닥에 놓으세요. 그리고 고무 풍선을 불어서 입구를 묶은 뒤 화장지로 여러 번 문지르세요. 그런 다음 고무 풍선을 알루미늄 깡통 가까이 가져갔다가 서서히 이동을 시켜 보세요. 분명히 알루미늄 깡통이 고무 풍선의 뒤를 따라 데굴데굴 굴러가는 것을 확인할 수 있을 거예요.

그럼, 알루미늄 깡통은 왜 고무 풍선을 따라 굴러가는 걸까요?

화장지로 고무 풍선을 문지르면 풍선은 수천 볼트의 높은 전압을 가진 (-)전기를 띠게 돼요. 물론 이 전기는 정전기이니까 안심해도 괜찮아요. 이렇게 정전기를 띠는 고무 풍선을 알루미늄 깡통에 가까이 대면 알루미늄 깡통을 이루는 전자들이 힘을 받아 반대쪽으로 밀려가요. 그래서 풍선과 마주 대한 부분은 (+)전기만 남게 되지요. 다시 말해 풍선과 깡통에게 서로 끌어당기는 힘이 생긴 거예요. 이런 현상을 '정전기 유도'라고 해요. 이 때문에 알루미늄 깡통이 풍선을 따라 데굴데굴 굴러갈 수 있는 거예요.

영어와 한자를 익히며 생각이 쑤욱~
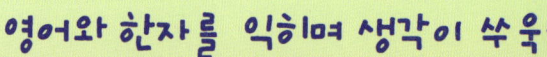

꼭 읽어야 할 동화 모음집

초등학생에게 꼭 필요한 22가지 지혜로운 명언 이야기

아인슈타인, 소크라테스, 이순신, 루소, 나폴레옹 등 세상을 움직인 사람들의 특별하고 다양한 체험과 깊은 성찰이 빚어낸 명언으로 구성한 지혜 동화!

초등학생이 꼭 읽어야 할 23가지 아름다운 꽃 이야기

며느리밥풀꽃, 얼레지, 금강초롱, 무궁화, 제비꽃, 코스모스, 해바라기, 채송화…… 가슴에 스며드는 아름다운 감성 동화!

초·중학생이 꼭 읽어야 할 28가지 베리베리굿 아이디어 이야기

합격 사과, 청바지, 코카콜라, 스타벅스, 미니스커트, 밴드에이드, 안전 면도기… 실제 에피소드로 엮은, 상상력·창의력에 불을 붙이는 사고력 동화!

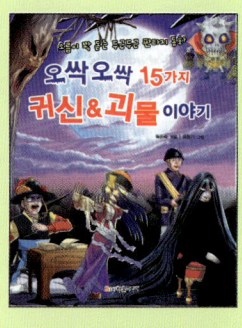

오싹오싹 15가지 귀신&괴물 이야기

구미호, 불가사리, 처녀귀신, 달걀귀신, 흡혈귀, 투명 인간, 강시, 늑대 인간, 마녀, 도깨비 등 우리나라 및 다른 나라 귀신·괴물 총집합!

초등학생이 꼭 읽어야 할 35가지 특별한 곤충 이야기

폭탄먼지벌레, 베짱이, 쥐벼룩, 여치, 무당벌레, 매미, 사마귀, 모기, 빈대, 쇠똥구리, 잠자리, 바퀴, 송장벌레, 병졸개미…… 오싹오싹, 하하호호 곤충 나라!

지금까지 아무도 몰랐던 80가지 동물·식물의 엄청난 능력

고양이 혓바닥과 청소기, 연잎과 스마트폰, 사람의 뼈와 에펠탑… 동·식물의 생태와 첨단 과학 기술의 만남. 별의별 궁금증을 풀어 주는 스토리 박스!

▲ 1학년이 꼭 읽어야 할 19가지 이야기
▲ 2학년이 꼭 읽어야 할 20가지 이야기
▲ 3학년이 꼭 읽어야 할 19가지 이야기
▲ 4학년이 꼭 읽어야 할 18가지 이야기
▲ 5학년이 꼭 읽어야 할 19가지 이야기
▲ 6학년이 꼭 읽어야 할 18가지 이야기